地球科学者と巡る
世界のジオパーク

Kaminuma Katsutada
神沼克伊 著

GEOPARKS
OF THE WORLD

丸善出版

はじめに

　地球は現在わかっている限り、宇宙空間では唯一生命現象が存在し、宇宙あるいは太陽系のジオパークとよべる惑星です。

　地球儀を見ると私たち日本人の住む日本列島がいかに小さな島であるかが、改めて実感されます。その小さな島国は中緯度に位置し、全土には四季があり、気候が温暖で風光明媚な山紫水明な地として、海外からやって来る多くの観光客を魅了しています。日本列島は地球のジオパークの代表と位置づけてよいほど変化に富んだ美しい姿をしています。

　しかし、地球は北極から赤道を越えて南極まで大陸があり、海洋と数多くの島嶼が並ぶ変化に富み、それぞれの地域が特有の景観を呈しています。秘境、絶景といくら形容してもしきれない光景が点在しています。

　茶色い砂山と砂原が広がる砂漠、白い氷原の氷床などは、日本の山紫水明の風景とは比較にならないくらい単調な景観と思われるかもしれません。確かに色彩に欠けた無限に広がる不毛の地に見えますが、注意深く見ればそこにも地球の息吹を示すいろいろな現象が起きているのです。「地球上につまらない場所はない」というのが筆者の主張です。

　地球を俯瞰し、それぞれの場所の興味深い有様を少しでも紹介したいと思って本書を執筆しました。内容の性質上、どうしても互いの位置関係が出てきます。ときには地図を見ながら読んでいただくと理解が深められると思います。

　使用した数値の多く、たとえば山の高さ、川の長さ、湖水の面積などは『理科年表2023』（国立天文台編）に依拠しています。

2023年9月

神 沼 克 伊

目　次

第 1 章　地球の表面　1

1.1　地球の誕生　2

1.2　最古の化石　3

1.3　ゴンドワナの誕生　5

1.4　パンゲア大陸の誕生・分裂　8

1.5　アフロ・ユーラシア大陸の形成　10

第2章 ユーラシア大陸 13

2.1 アフロ・ユーラシア大陸 14

2.2 アジアとヨーロッパの境界 17

2.3 アジア大陸 19

2.4 ヨーロッパ大陸 22

2.5 湖水 27

2.6 北、東、南への流れ 31

2.7 ペルシャとアラビア 37

2.8 最深の亀裂とオリエント文明の十字路 39

2.9 シルクロード 43

2.10 岩塩と塩湖 46

2.11 カルスト地形 47

2.12 溶岩台地 50

2.13 石柱林 51

2.14 太平洋岸に並ぶ火山 55

2.15 ボルネオとスリランカ 58

第3章 アフリカ大陸 61

3.1 熱帯雨林だけではない 62

3.2 動物王国 ──ビッグファイブ 64

3.3 グレートリフトバレー ──人類発祥の地 70

3.4 赤道直下で火山に氷河 73

3.5 ナイル川 76

3.6 ヴィクトリア滝とヴィクトリア湖 78

3.7 マダガスカル島 82

第4章 南北アメリカ大陸 85

4.1 太平洋岸を貫く大山脈 86
4.2 北アメリカ大陸 91
4.3 オーロラ楕円帯の直下 94
4.4 グランドサークル 95
4.5 デスバレー（死の谷） 99
4.6 中部アメリカの国々 102
4.7 パナマ運河 103
4.8 南アメリカ大陸 106
4.9 アンデス文明とインカ帝国 108
4.10 チチカカ湖とウユニ塩湖 111
4.11 ギアナ高地 114
4.12 アマゾン川流域 ——世界一の大河 117
4.13 アコンカグアとパタゴニア 120
4.14 イグアス 123

第5章 オーストラリア大陸 125

5.1 全土が一つの国 126
5.2 最高峰と楯状地 128
5.3 沿岸地域が観光地 133
5.4 タスマニア島 135
5.5 ニュージーランド 137
5.6 高山が並ぶニューギニア島 142

第**6**章　南極大陸　145

6.1　孤立している氷の大陸　146

6.2　南極横断山地　149

6.3　氷底湖
　　　──海面下 1,000 m の陸地　153

6.4　人間活動　155

6.5　南極条約　158

第**7**章　島　　嶼　161

7.1　太平洋の島々　162

7.2　大西洋の島々　177

7.3　インド洋の島々　185

7.4　地中海とエーゲ海　193

7.5　北極海　209

おわりに　216

文　献　217

索　引　218

第 **1** 章

地球の表面

世界の主峰・ヒマラヤ山脈のエベレスト（機上から撮影）

1.1 地球の誕生

　宇宙は超高密度で超高温の状態から急激に膨張を始めたと考えられています。その膨張はビッグ・バンとよばれる「宇宙の大爆発」で始まりました。ビッグ・バンがいつ起こったかは正確には決められず 100 ～ 150 億年前程度と考えられています。

　地球から見る天の川は天球を二分しているように見えます。この事実から天の川を構成している星々は円盤状に分布しており、その円盤を含む星の集団が銀河系で、我が太陽系もその中の一つです。宇宙には銀河系と同じような星の集団の銀河が数千億個存在すると見積もられていますが、その分布は一様ではありません。

　円盤状の銀河系の直径は 10 万光年で、太陽系はその中心から 2 万 8000 光年の距離にあります。その付近には宇宙塵（ダスト）を含む水素やヘリウムなどのガスが円盤の中心から渦巻く腕のような形を形成しています（図 1.1-1）。渦巻腕とよばれるいくつもの巨大なガスの塊が星間雲で、その一つが太陽系を形成した母体と考えられ「原始太陽系星雲」とよばれます。

　原始太陽系の中心には重力によって原始太陽が形成され、その周囲を水素ガスとヘリウムを主とするガスが円盤状に取り巻いていました。その中で離合集散が起こり、直径が数キロ程度の多数の固まりが生じて微惑星とよばれました。

　多くの微惑星が「塵芥」のように原始太陽の周りを公転していましたが、次第に原始惑星とよばれる大きな惑星へと成長していきました。この原始惑

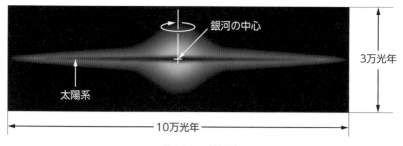

図 1.1-1　銀河系

星が地球型惑星の本体や木星型惑星の中心核となり太陽系が形成されたのです。

　原始太陽は徐々に収縮し、それに従い中心部の温度は上昇し、核融合反応が始まり、強い放射や太陽風とよばれる高速粒子の流れが常に吹き出し、原始太陽系星雲のガスは吹き飛ばされてしまいました。

　この太陽風により地球型惑星の表面からもガスがほとんど吹き飛ばされ、太陽から遠く離れ、質量・重力も大きい木星型惑星にはガスが残ったと考えられています。木星型惑星は水素とヘリウムのガスで包まれた密度の小さな惑星になったのです。なお現在、地球上はもちろん金星や火星にも認められる大気は、惑星形成後の進化の過程で生じたと考えられています。

　原始地球の形成期には、浮遊する無数の小天体（隕石）の衝突を受け続け鉄やニッケルなどの重い成分が中心に沈み込み、核が形成されました。また、それより軽い鉱物成分は融解し地球表面を覆いマグマオーシャンとよばれ、また気体になりやすい成分は内部から抜け出し大気を形成し、地球の成層構造が形成されました。

　同じ地球型惑星でも地球が金星や火星と異なる最大の特徴は多量の水が液体の状態で存在する、つまり海の存在です。地球の表面の温度は下がり、マグマオーシャンは固化し、地球表面には地殻が形成され、大気中の水蒸気は水となって海が出現したのです。

　こんな経過をたどり、私たちの地球は、45億年前頃に太陽系の中にその原型が現れ、40億年前頃までには成層構造を有する地球が誕生したと考えられています。

1.2　最古の化石

　地球表面の海水が蒸発せず留まるようになったのは、大気中の二酸化炭素が激減し、温室効果がなくなり、地球内部の熱が宇宙空間に放出されるようになったからなのです。地球の表面の温度が低下し、地表の岩石が剛体となることで「プレート」が形成され、プレートテクトニクスが始まったと考えられています。地表面には亀裂が生じて現在の海嶺が形成され、海底は水平

に移動し、海溝を形成しながら地球内部に沈み込むシステムが形成されたのです。

そんなプレートを形成する岩石の中に生命の痕跡が発見されています。その構成元素は炭素、窒素、酸素、硫黄、リンなどで、ビッグ・バンで宇宙空間に放出されたものです。それを元につくられたアミノ酸は、生命体の基本的な分子レベルの構成要素です。

地質学者の中には「化学化石」という言葉を使う人がいます。明確な生物の存在ではなく、岩石中に生物起源と推定される有機物が含まれる場合で、生命現象が存在した可能性を示します。現在地球上ではグリーンランドの 38 億年前の変成岩に、その存在が認められています。この事実から地球上の生命現象は 38 億年前に現れたと言われますが、その頃の記録は十分でなく、生命現象が地球上へ出現したのは 38 億年以前と推測されます。

現在、多くの研究者が認める地球上最古の化石はオーストラリアやアフリカのチャートとよばれる 35 億年前の硬い堆積岩の中で見つかりました。いずれも顕微鏡で見なければ発見できない大きさ 0.1 mm 程度の球状や糸状の物体で、大きさや形からラン藻類のバクテリアの化石とされています。このような生物の突然変異的な発生は 40 億年前から繰り返されていたのでしょうが、地球がその生命現象を維持できる環境ではなく、証拠も残されていません。数億年の時間を要して生命現象が生存できる環境となり、痕跡が化石として残されるようになったのです。

バクテリアやラン藻類の原核生物の発生はすべて海中で行われ、その種類は増えてはきましたが、20 億年間ぐらいは同じような状態でした。細胞に核を持ち、多量のクロロフィルを含み光合成を行う緑藻類の出現は、15 億年前頃から始まりました。一般的に原核生物は原核細胞を有し、その細胞内に核がなく DNA が裸の状態で存在し、真核生物は DNA が核膜で覆われていると説明されます。具体的な例として、人間の体内に宿っている大腸菌は原核生物で、人間と猿はともに真核生物です。

地球上での確実に動物といえる生命の出現は 6 億年前、地質時代では先カンブリア紀の末頃です。海洋に現れた動物は、やがて陸上にその生存領域を拡大させますが、それらの動物化石が現れてくるのはカンブリア紀になっ

てからです。

1.3　ゴンドワナの誕生

　地球上では 40 億年前には海洋と陸地が形成されており、プレートテクト
ニクスのシステムが機能し始めていました。陸上に残る古い岩石の存在か
ら、陸地の生成、離合集散が繰り返されていたことが伺えます。そんな中で
25 億〜15 億年前の間にコロンビア（超）大陸が存在していたと推定され、
地球上に現れた最初の超大陸です。コロンビア超大陸はローレンシア、バル
ティカ、ウクライナ、アマゾニア、オーストラリア、さらにはシベリア、北
部中国、カラハリなどのクラトン（陸塊）から形成され、ハドソンランドと
もよばれています。

　ローレンシアにはグリーンランドを含む北アメリカ大陸やスカンジナビ
ア半島を含む北部ヨーロッパが含まれ、19 億年前に形成されたと推定され
ています。後に出てくるローラシア大陸と区別するためにヌーナ（North
Europe and North America：NENA）大陸ともよばれます。バルティ
カは現在の東ヨーロッパ付近を構成するクラトンでやはりコロンビア超大陸
の一部でした。

　その後も大陸の離合集散は繰り返されていましたが、10 億年前になると
ロディニア超大陸が出現しました。この超大陸もローレンシア、バルティカ、
東南極、オーストラリア、アマゾニア、シベリア、西アフリカなど、地球上
のほとんどのクラトンが集結して形成され、現在の南太平洋付近に存在して
いたと推定されています。7 億 5000 万年前まで存在しましたが、当時の大
陸にはまだ生物は存在せず岩石だけが露出し、海の中にはようやく多細胞の
生命体が現れ始めた頃でした。

　地球上には何回か氷河時代が訪れていますが、7 億年前頃にも地球上の二
酸化炭素が地球内部に取り込まれ、温室効果が保たれなくなり、極域から赤
道まで陸地は氷床に、海洋は海氷に覆われて全球凍結（スノーボールアース）
とよばれる氷河時代がありました。地球表面が雪や氷で覆われると、太陽か
らのエネルギーは反射されてしまい、寒冷化はさらに進みました。その悪循

環を断ち切ったのは火山活動だったと考えられます。全球凍結が終わった頃から生物界には大きな変動が起こり、より高度な生物が出現してきました。

　同じ頃にロディニア超大陸の分裂が始まり、ゴンドワナとよばれる比較的大きな大陸とシベリア、ローレシア、バルティカの小さな大陸が出現しました。ゴンドワナは現在のアフリカ、南アメリカ、オーストラリア、インド、東南極の陸地を含む巨大大陸でした。これらの大陸からは共通の植物や動物の化石が分布することから、ウェゲナーが大陸移動説に気が付いた1912年頃、その存在が確実視された大陸です。後述するようにそのうちの一つの植物グロソプテリスがインドのゴンド族の暮らす地域に生育していたことから、ゴンドワナ（ゴンド〔族〕のワナ〔土地〕）と命名されました。ただし、それらの化石となった生物の出現は、まだ先の話で、当時は岩石が露出するだけの土地でした。

　地質年代の区分（図1.3-1）で先カンブリア時代の終末になる6億年前頃の海には、最古の動物、バクテリアの仲間から始まり有孔虫、放散虫、ワムシ、海産無脊椎動物などが出現し、海藻類のほとんどすべての種も現れました。カンブリア紀（5億4200万〜4億8800万年前）になると三葉虫、腕足類、無脊椎動物のほとんどが出現し、海生の藻類が繁栄しました。オルドビス紀（4億8800万〜4億4400万年前）には甲冑魚（かっちゅうぎょ）が出現し、頭足類や貝類が繁栄、さらに進化しました。

　シルル紀（4億4400万〜4億1600万年前）には最古の陸生動物となるサソリ類が、また最古の陸生植物のプシロフィトンが出現し、海ではサンゴ類が繁栄していました。デボン紀（4億1600万〜3億5900万年前）にはアンモナイトや最古の陸上両生類が出現し、裸子植物のグロソプテリスが出現しました。ゴンドワナの存在を証拠づけた植物です。石炭紀（3億5900万〜2億9900万年前）には爬虫類が出現し、多くの昆虫類が繁栄しました。蘆木（ろぼく）（トクサ類の化石シダ植物）、鱗木（ヒカゲノカズラ類の化石シダ植物）、封印木（ヒカゲノカズラ類の化石シダ植物）が繁栄、これらは化石でしか確認できていないシダ植物ですが、いずれも高さが30mを超える巨大な木本で、ペルム紀にかけて繁茂し石炭のもとになった植物群です。

　ペルム紀（二畳紀：2億9900万〜2億5100万年前）には三葉虫が絶滅

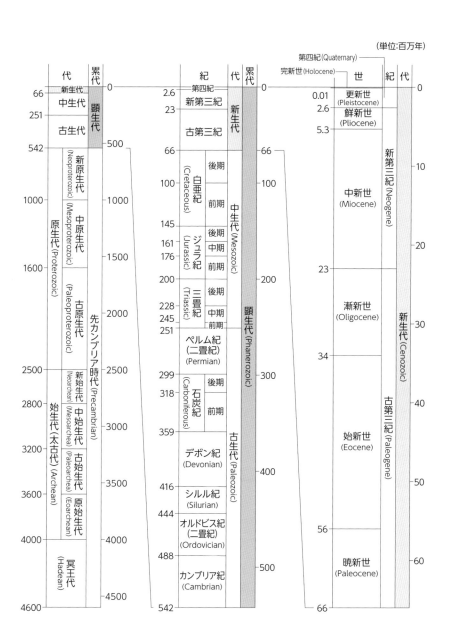

図 1.3-1　地質年代の区分

しましたが、両生類は繁栄を続けています。石炭のもとになった木本は衰退しましたが、ソテツ類が繁栄しました。カンブリア紀からペルム紀までのおよそ 3 億年間を地質時代では、古生代と称しています。古生代以後、三畳紀から白亜紀末の 6600 万年前までが中生代です。

　三畳紀（トリアス紀：2 億 5100 万〜 2 億年前）ではアンモナイトが繁栄し、恐竜とよばれている大型爬虫類が発展し、哺乳類が出現しました。植物はシダ、ソテツ、松柏類が繁栄しました。ジュラ紀（2 億〜 1 億 4500 万年前）には始祖鳥が出現し、二枚貝が繁栄し、植物ではソテツやイチョウ類が繁栄し、被子植物も出現しました。白亜紀（1 億 4500 万〜 6600 万年前）には爬虫類やアンモナイトが急速に進化し、恐竜の繁栄と被子植物の発展が見られました。しかし突然、恐竜やアンモナイトは絶滅したのです。

1.4　パンゲア大陸の誕生・分裂

　ウェゲナーは大陸移動説を提唱しましたが、現在の大陸はかつてはひと続きの大陸だったと仮説を立て、その大陸をパンゲア大陸と命名しました。大陸移動説は巨大な大陸を引き裂いて何千キロも移動させる力やメカニズムが説明できず、忘れ去られていました。

　1950 年代後半から大陸移動説は海洋底拡大説からプレートテクトニクスへと発展し復活しました。海嶺で地球内部から湧き出した物質は海底を形成しながら両側に拡大し、海溝を形成しながら再び地球内部へと沈んでゆくプレートテクトニクスのモデルは地球上の地形、地震帯や火山帯の分布など多くの現象を説明できるモデルとして研究者たちに受け入れられ、発展しました。20 世紀最大の地球科学の進歩です。

　パンゲア大陸の形成過程は以下のように説明されています。およそ 4 億年前（デボン紀）頃、ローレシア大陸とバルティカ大陸が衝突してユーラメリカ大陸が形成されました。その頃にはゴンドワナが南に位置していて、地球の寒冷時期とも重なり南極氷床が形成されていったようです。3 億年前（石炭紀）頃、ユーラメリカとゴンドワナは衝突し、数千万年後（ペルム紀）にはシベリアが衝突し、パンゲア超大陸が出現したのです。

　パンゲア超大陸は赤道をはさみ三日月形をしていて、東側の現在のアフリカからアラビア半島と北側のユーラシアの間には大きな海が存在したと考えられています。その海はテチス海、全体に浅く多くの海洋生物が発生し、生息し、進化を続けたのです。逆に陸上の内陸地域は乾燥し荒涼としていたと想像されますが、陸上生物は自由に移動できました。

　そんなパンゲア大陸も2億年前（三畳紀）には南北に分裂を始め、北半球側にはユーラシア大陸、北アメリカ大陸、グリーンランドなどが構成するローラシア大陸、南側にはゴンドワナ、その間の海はテチス海が広がりました。そして改めて注目されたのがゴンドワナに占めた南極でした。

　4億年前（デボン紀）に出現したグロスプテリスの化石が南極でも発見され、ゴンドワナの存在は確実視されるようになりました。しかし、植物の分布にはその種子が風や海流で海を越えて運ばれたという疑問がいつも付きまといます。

　1967〜70年にかけて南極横断山地の2億2500万年（三畳紀）の地層から、多くの四脚動物の化石が発見されました。その中にはリストロサウルスの完全な骨格が含まれていました（写真1.4-1）。体長80cmで子犬ほどの大きさで、水辺に棲み、海を渡ることのできないリストロサウルスの化石

写真1.4-1　リストロサウルスの復元模型

は、グロソプテリスと同じようにインド、アフリカ、南アメリカ、オーストラリアでも発見されており、これらの陸地が続いていた証拠とされ、ゴンドワナの存在を確かなものにしたのです。

　それと同時に、氷の大陸にも大木が繁茂し、恐竜の先祖ともよべる四脚動物が生存していたことは、南極大陸が現在よりはるかに低緯度の地域に位置し、温暖な気候であったことを示しています。

1.5　アフロ・ユーラシア大陸の形成

　パンゲアの分裂で再び独立したゴンドワナは、1億8000万年前（ジュラ紀中期）頃には現在のアフリカ大陸、南アメリカ大陸、南極大陸、インド亜大陸、セイロン島、オーストラリア大陸、マダガスカル島、アラビア半島などを含んだ超大陸でした。その後、アフリカや南アメリカ、アラビア半島などを含む西ゴンドワナと南極、インド、オーストラリアなどを含む東ゴンドワナに分裂しました。

　1億4000万年前頃（白亜紀）には西ゴンドワナではアフリカ大陸と南アメリカ大陸が分離し、大西洋が出現しました。アフリカ大陸の北東側にはアラビア半島がくっついていました。分裂をしたアフリカ大陸はアラビア半島を伴い北上を始めたのです。

　また東ゴンドワナではインド亜大陸、セイロン島とマダガスカル島が南極大陸とオーストラリア大陸から分裂し、1億年前頃からはインド亜大陸の北上が始まりました。

　恐竜が絶滅したとされる6600万年以後（新生代の古代三紀）、南極からオーストラリアが離れ北上を始めました。4500万年前になると北上を続けていたインド亜大陸はユーラシア大陸に衝突し、西側ですでに接していたアフリカ、アラビア半島と並んで激しい造山運動が始まりました。

　ユーラシアとアフリカとの衝突ではアルプス造山運動、インド亜大陸との衝突ではヒマラヤ造山運動が起こり、土地が隆起して山脈が形成されました。いずれの衝突地域でも北側が隆起して山脈や高原が形成され、南側は平原や浅い海になっています。両者の中間でもアラビア半島の衝突でザクロス

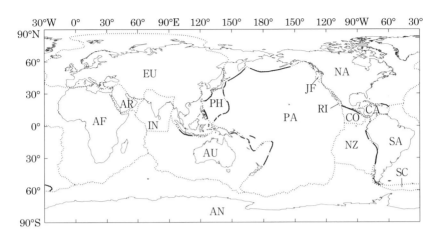

破線はNUVEL-1Aモデル（DeMets et al., 1994）によるプレートの境界を示す．ローマ字はプレート名の略号．
AF：アフリカプレート, AN：南極プレート, AR：アラビアプレート, AU：オーストラリアプレート,
CA：カリブプレート, CO：ココスプレート, EU：ユーラシアプレート, IN：インドプレート,
JF：ファンデフカプレート, NA：北アメリカプレート, NZ：ナスカプレート, PA：太平洋プレート,
PH：フィリピン海プレート, RI：リベラプレート, SA：南アメリカプレート, SC：スコシアプレート.

図 1.5-1　海溝の図

山脈やイラン高原が形成され、ペルシャ湾やイランからオマーンにかけては緩やかな沈降により低地が出現したのです（図1.5-1）。

　アルプス・ヒマラヤ造山帯のおもな地形はアフリカの北西端のアトラス山脈に始まり、ユーラシア大陸の西端のイベリア半島から、ピレネー山脈、アルプス、イタリア半島、エーゲ海を含むバルカン半島、カルパティア山脈、クリミア半島、アナトリア高原、カフカス山脈、イラン高原、ヒンドゥークシュ山脈、カラコルム山脈、パミール高原、ヒマラヤ山脈、チベット高原、崑崙山脈、マレー半島へと続きます。その東側で環太平洋火山帯のスンダ列島に接しています。このようにアフリカ北西部から始まり、ヨーロッパ南部、西アジア、中央アジア南部、南アジア北部から東南アジア西部に続く、西経5度から東経105度に至る大造山帯です。アルプス・ヒマラヤ造山帯と環太平洋火山帯は地球上の二大造山帯です。

　環太平洋火山帯は造山帯であり地震帯でもありますが、それに比べればアルプス・ヒマラヤ造山帯では地震活動も火山活動も低いですが褶曲した地形

が発達しています。しかし、イタリア南部にはベスビオ、エトナ、火山列島のリパリ諸島、エーゲ海のサントリーニ島、西アジアにはアララットなど、歴史的に知られた火山が点在しています。

　世界の屋根とよばれるヒマラヤ山脈はインド亜大陸がユーラシア大陸に衝突したことにより隆起して出現しました（写真1.5-1）。標高 8,000 m の高山が連なる大山脈ですが、標高 6,000 m の高地で海洋生物の化石が多数発見されています。ヒマラヤ山脈はテチス海の海底堆積物が隆起して形成された地層のため、当時の海洋に生息していた生物が化石となって残っているのです。

写真1.5-1　**中国側から見たヒマラヤ山脈**

第 **2** 章

ユーラシア大陸

アルプスの主峰の一つマッターホルン

2.1 アフロ・ユーラシア大陸

　アフリカ大陸とユーラシア大陸はスエズ地峡でスエズ運河により寸断はされていますが、それ以前はつながっており、一つの大陸とみなすことができる点で着目され、アフロ・ユーラシア大陸と命名された大陸です（図2.1-1）。周辺の島々を含めると総面積は8,500万 km²で地球上の陸地の58%占め、そこで暮らす人々はおよそ57億人、全人類の85%になります。ユーラシア大陸は西部がヨーロッパ大陸、中・東部はアジア大陸です。

　大陸と周辺の島々を含めて「州」というよび方があります。地球上には6大州があり、アジア州とヨーロッパ州がユーラシア大陸にあります。したがってアフロ・ユーラシア大陸はアフリカ州、ヨーロッパ州、アジア州から構成されています。

　アフリカで誕生した人類が地球上に拡散していったのも、この大陸が存在したからです。南アフリカ・ヨハネスブルク北部では700万年以上古い人類の化石が出土し、その生存の証拠が残されています。「南アフリカの人類

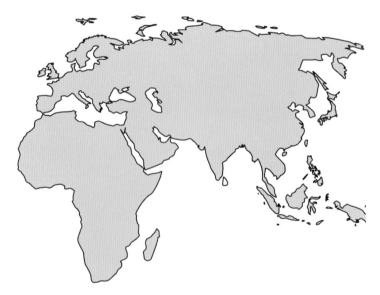

図 2.1-1　アフロ・ユーラシア大陸の概念図

化石遺跡群」は人類の進化を示す重要な遺跡群として、南アフリカの世界遺産です。この遺跡はその後「スタルクフォンテイン、スワルトクランス、クロムドライおよび周辺地域の人類化石遺跡群」として、1999年にユネスコの世界文化遺産として登録され、2005年に「タウング頭蓋化石出土地」の「マカパン渓谷」が追加されました。

400万〜100万年前の南アフリカや東部のエチオピア高原のサバンナ生態系の中で、人類の祖先になる「アウストラロピテクス」とよばれる猿人の化石が発見されています。この頃、猿人は急速な進化を遂げたようで、より大きな発見がタンザニア北部でなされました。

1960年、タンザニアの北部セレンゲティ国立公園の西に位置するオルドバイ峡谷で、猿人と原人をつなぐ重要な発見がありました。脳の大きさがそれまでより1.5〜2倍で、はるかに人間らしい化石の発見で「最初の人」と考えられ「ホモ・ハビリス（器用な人）」と命名されました。

人類は現生人類のホモ・サピエンス種とされ、アフリカで生まれ進化したアフリカ単一起源説が有力とされています。現在の人間はホモ・サピエンス・サピエンスだけで、20万〜10万年前にスエズ地峡を通ってアフリカ大陸から出て、4万9000年前頃にはアラビア半島からメソポタミアへと進出しました。およそ5万年以上の時間を要しています。そこからヨーロッパへの進出が4万7000〜4万2000年前ぐらいの間になされ、旧人のネアンデルタール人やクロマニョン人との接触はあったようですが、彼らとの交配が行われたかどうかは明らかではありません。

現生人類はメソポタミアから1000年間でヒマラヤの南側のインドから東南アジアを経て、さらに1000年を要して4万7000年前にオーストラリアに達しています。また、ヒマラヤの北側を移動して1万年以上の時間を要し、シベリアに到達したのが3万2000年前頃です。

それ以前アジアでは北京原人、ジャワ原人などの存在が確認されています。北京原人は65万年前、ジャワ原人は最新の研究では130万年前でともに、ホモ・サピエンスの前のホモ・エレクトスに属し、ネアンデルタール人と同じ旧人と考えられています。

アフリカから出発したホモ・サピエンスの移動は1万数千年を要して、

写真 2.1-1 ピラミッド

東アジアに到着しました。その現生人類がいつ日本列島に移住してきたかは明らかではありませんが、発見されている最古の遺跡は、旧石器時代の遺跡である長野県の「立が鼻遺跡」で、5万〜4万年前の数値が出ています。縄文時代の始まりは紀元前1万4000年頃、稲作が始まった弥生時代は紀元前400年頃です。卑弥呼は弥生時代の終わりから、古墳時代（3〜7世紀）の初めに存在した人です。

　現生人類はまずナイル川沿いに定住を始め、古代エジプト文明が起こったのは紀元前4500年頃からでした（写真 2.1-1、2.1-2）。メソポタミア文明は紀元前3000年から、インダス文明が紀元前2300〜1800年に繁栄していました。アジアでは紀元前1万4000〜1000年には長江文明が栄え、紀元前7000年に黄河文明が成立していました。

写真 2.1-2
スフィンクス

2.2　アジアとヨーロッパの境界

　アジア州はユーラシア大陸の中央から東の部分とその東側から南側に位置する日本列島を含む島々で構成されています。ヨーロッパ州にはユーラシア大陸の西の部分にイギリスやアイスランドが含まれます。

　地形学的にはアジアとヨーロッパの境界は、ウラル山脈—ウラル川—カスピ海—大カフカス山脈—黒海—ボスポラス海峡—マルマラ海—ダーダネルス海峡と考えられています（写真 2.2-1）。この境界はロシア、カザフスタン、ジョージア、トルコを通過しています。トルコはボスポラス海峡の北側に位置するイスタンブールがヨーロッパ、南側の地域はアジアになり、文明の岐路ともよばれ、ヨーロッパに分類されることもあります。

　黒海とカスピ海に挟まれているジョージア、アルメニア、アゼルバイジャンはヨーロッパに属し、トルコの西側のキプロスもヨーロッパに分類されます（写真 2.2-2）。ロシアは国土のほとんどがウラル山脈の東側になりますが、

写真 2.2-1
トルコ・イスタンブール市内で南から北を見る. マルマラ海. 右手がボスポラス海峡に続く

写真 2.2-2
ジョージアのカフカス山脈山麓のツミンダサメバ教会. ロシアとの国境に近いカズベキ村

ヨーロッパに属しています。イスラエルも同様で、ヨーロッパに分類されています。

　アジアの西の地域は中近東とよばれ、多くのイスラム国家が並んでいます。中近東はまさに古代ギリシャや地中海から見て近東、中東、極東の命名です。

　東アジア、東南アジア、南アジアには日本を含め22カ国と台湾が存在しますが、1943年以前に独立していた国は日本、タイ、中国、ネパール、ブータン、ベトナム、モンゴルの7カ国に過ぎません。15カ国が第二次世界大戦後に独立した国々です。中央アジアのウズベキスタン、カザフスタン、トルクメニスタン、キルギス（クルグズスタン）、タジキスタンの5カ国は1991年のソ連崩壊により独立した国々で、ヨーロッパに属するとしている区分もありますが、ここではアジアに入れておきます。中東の15カ国はイスラムの国家がほとんどですが、アフガニスタン、イラク、イラン、オマーン、サウジアラビア、トルコの6カ国以外の9カ国が第二次大戦後に独立した国々です。

　ヨーロッパでも事情は同じで、アイスランドの1944年以外はアゼルバイジャン、アルメニア、アンドラ、ウクライナ、北マケドニア、キプロス、クロアチア、コソボ、ジョージア、スロバキア、スロベニア、セルビア、チェコ、ベラルーシ、マルタ、モルドバ、モンテネグロ、バルト三国（エストニア、ラトビア、リトアニア）などが1991年のソ連崩壊前後に独立した国々です。ソ連は中央アジアの5カ国を含め15カ国に、ユーゴスラビアは6カ国に分裂したのです（写真2.2-3、2.2-4）。

　ヨーロッパに属する国は49カ国を数えます。そのほとんどは共和制の国家ですが「王国」、「公国」を名乗る国もあります。王国は王を主権者とする国、公国は公の称号を持つ君主が統治する国と説明されます。では「王（King）または女王（Queen）」と「公（Duke）」の違いは何でしょうか。ヨーロッパで私が得た知識では、王は国教の最高位も兼ね、公は宗教には関係ない統治者と理解しています。

　モナコ公国、リヒテンシュタイン公国などの公国が「小国家」としても知られ、ルクセンブルク大公国は唯一「大公国」を名乗っている国です。

　公国はどの国も「小国家」ですが、ローマ市内に位置するバチカン市国が

世界最小国家で、面積は 0.44 km²、全人口は約 1,000 人です。2 番目に小さな国がモナコ公国で面積 2 km²、全人口約 4 万人です。またイタリア中部に位置する小国家のサンマリノは 1631 年に当時のローマ教皇に独立を認められた世界初の独立共和国で、面積は 61 km²、人口は約 3 万人です。

　古代ギリシャから発祥した西洋文明は 16 〜 20 世紀、ヨーロッパの国々による植民地主義で、世界中に拡散し、アフリカ、南北アメリカ、陸続きのアジアまでその支配下に置きました。2 度の世界大戦を経て、その力は衰え、アメリカ合衆国やソ連にその地位を奪われました。ソ連も崩壊しロシアが大国として残りましたが、21 世紀には中国が台頭してきました。中国は20 世紀の間にチベット自治区、新疆ウイグル自治区などを併合しています。2022 年のロシアのウクライナ侵攻で、ユーラシア大陸を舞台にした世界戦略がどのように変わるか注目を続けなければなりません。

2.3　アジア大陸

　アジア大陸の特徴は世界の屋根ヒマラヤ山脈が位置していることです。北上してきたインド（亜大陸）プレートのユーラシア大陸への衝突が始まったのは 7000 万年前頃からと推定され、ヒマラヤ造山運動が始まりテチス海の海底が上昇し、結果的には 9,000 m の地盤の上昇で 8,000 m 級の大山脈群が形成されました（写真 2.3-1）。

　ネパールは山岳国家ですが、南側のインドとの国境付近には標高 200 m程度の亜熱帯のヒンドスタン平原が広がっています。インドデカン高原の北側にはガンジス川が東に流れ、ベンガル湾に注いでいますが、その流域なのです。ネパールの国土の南北の幅は 250 km 前後ですが、その狭い地域が急激に上昇し、8,000 m 級の山脈になっています。

　広義のヒマラヤ山脈は西端のアフガニスタンのヒンドゥークシュ山脈からパキスタンのカラコルム山脈、北側の中国の天山山脈や崑崙山脈も含まれます。8,000 m 以上のピークが 14 座、7,200 m 以上の峰が 100 座以上もあります。アジア大陸以外の最高峰は南アメリカ大陸アンデス山脈のアコンカグア（6,961 m）ですから、ヒマラヤ山脈の高さは突出しています。

写真 2.2-3　アルメニアのセヴァン湖とセヴァン修道院

写真 2.2-4　キリスト降誕の地に建てられたと言われるアルメニアのエチミアンジ大聖堂

写真 2.3-1　ヒマラヤ山脈（アンナプルナ山系）

　狭義のヒマラヤ山脈の北側には 3,000 m を超えるチベット高原、さらにタクラマカン砂漠やゴビ砂漠が続きモンゴル高原からシベリア高原や平原へと続きます。シベリア平原の北極海沿いの地域はツンドラ地帯です。ツンドラ地帯は地下が凍結している永久凍土の地域です。近年の温暖化で永久凍土が解け出し、土地の陥没が発生したというような話が聞かれるようになりました。

　シベリア平原の東側、アジア大陸の北東端では、南北に走るベルホヤンスク山脈やその西麓を流れるレナ川付近が、北アメリカプレートとユーラシア

写真 2.3-2
シルクロードに沿った
西遊記の世界・火炎山
（海抜 0 m）

プレートの境界と考えられています。その境界の東側は北アメリカプレートに属しますが、オホーツク海を中心にオホーツク（マイクロ）プレートを指摘する人もいます。しかしその北限がはっきりしませんので、存在を疑問視する研究者もいます。

　チベット高原から東のモンゴルのゴビ砂漠へ続く一帯は乾燥地帯です。中国の敦煌付近は、アジア大陸の中央付近に位置していますが、海抜 0 m、ほぼ海面と同じ高さの地域があります。シルクロードは中国の長安（現在の西安）からこの乾燥地帯の周辺を通り、中央アジアから西アジアへと続きます（写真 2.3-2）。その付近は 18 〜 19 世紀頃にはトルキスタンとよばれていました。トルキスタンは「テュルク（トルコ）人の国（スタン）」を意味し、遊牧民が自由に暮らしていたようです。その後トルキスタンは東西に分断され、東トルキスタンは中国に併合され新疆ウイグル自治区となり、西トルキスタンはソ連崩壊を機にそれぞれ独立、ウズベキスタン（「ウズベク人の国」以下同じ）、カザフスタン、キルギス（クルグズスタン）、タジキスタン、トルクメニスタンとなり現在に至っています。それぞれ草原や砂漠が並ぶ地帯ですが、遊牧に適しています。春になると雪解け水を利用した灌漑でオアシス農業が行われ、北側には南ロシアの森林地帯が広がっています。

　アラビア半島が衝突した地域はイラン高原、カフカス山脈、さらに東側では南ロシアの森林帯から西シベリア平原へと続きます。アラビア半島から中央アジアに位置する国々のほとんどはイスラム教の国家です。

2.4　ヨーロッパ大陸

　ヨーロッパはユーラシア大陸の北西部に突き出した半島で、北が北極海、西が大西洋、南は地中海と三方を海に囲まれ、東の境界がウラル山脈で、最西端は大西洋に面したポルトガルのロカ岬です（写真 2.4-1）。イギリス・グリニッジを通ると決められた経線 0 度の子午線の西側、つまり西半球に位置しています。ヨーロッパとアフリカとが東西両半球に位置する大陸です（写真 2.4-2）。

　ヨーロッパ州の面積は 1,018 km² で、地球上全陸地の約 6.8%、世界で

2番目に小さな州です。人口は7億3,300万人、世界の総人口の約11%です。最も広い国土を有するロシア、最も小さな国バチカン市国がともにヨーロッパに位置しています。

　1億4000万〜6600万年前の白亜紀に南から北上してきたアフリカプレートがユーラシアプレートにぶつかり、主要山系のピレネー山脈、アルプス、アドリア海東岸に並ぶディナル・アルプス、ピンドス山脈、さらにその東のカルパティア山脈が形成されました（写真2.4-3）。地中海やエーゲ海も現在の形の原形が出現しました。

　主要山系は急峻ですが、北側には平野が広がり、集落は主要山系でもほとんど分断されることなく、南北につながっています。北部の平野の標高は200m足らずで、北海に面したオランダのように国土の3分の1が海面下の国もあります。したがってヨーロッパにはほかの大陸のような長い河川はありませんが、アルプスの北側の平野部では平坦な地形から水運が発達し、多くの運河がつくられています。ヨーロッパでの水路の総延長は7,000kmと言われ、その30%がドイツに属します。ベルギー、オランダ、ドイツでは特に運河が発達しています。

　ドイツ北部、ユトランド半島を東西に開削して1859年に完成したのが通称キール運河、正式名称が「北海・バルト海運河」です。北海のエルベ川河口から北東のバルト海のキールまで、全長97km、幅108m、深さ11m、潮汐の干満の調整のため両側に閘門を設けた運河です。この運河の完成により北海からデンマークの北端を通り、バルト海に入る航路が250マイル（およそ400km）短くなり、バルト海からサンクトペテルブルグ、さらにロシアの北西部の運河を通り白海まで水路で行けるようになりました。

　ライン川の源流域はスイスの東部です。リヒテンシュタインからオーストリア、さらにスイスとドイツ、ドイツとフランスの国境を形成しながら流れ、オランダから北海に注ぐおよそ1,233km、6カ国を通過する国際河川です。中流域のドイツ西部の都市コブレンツでは左岸から、フランス東部を水源としルクセンブルクを通過してきた長さ545kmで両岸にはブドウ畑が広がりワインの産地のモーゼル川が合流します。

　モーゼル川の合流地点から上流へ、古城渓谷（写真2.4-4）や名勝ローレ

写真 2.4-1　**ポルトガル・ロカ岬**

写真 2.4-2
イギリス・グリニッジを通る経線
0 度の子午線

写真 2.4-3　フランス・モンブランから東を見たアルプス　中央はグランドジョラス

写真 2.4-4　ドイツ・ライン川の古城渓谷

ライ（写真 2.4-5）を過ぎるとマインツで右岸からマイン川が流入してきます。全長 524 km のマイン川はドイツ東部チェコとの国境付近に水源があり、ドイツ国内をほぼ東西に流れている川です。

　ヨーロッパ第 2 の 2,860 km の長さのドナウ川はドイツ南西部を水源として、東から南東に流れ、ウィーン（オーストリア）、プラチスラバ（スロバキア）、ブタペスト（ハンガリー）、ベオグラード（セルビア）と 4 カ国の首都を流れ黒海に注いでいます。ドナウ川はダニューブ川ともよばれますが、ローマ神話の河神の名 Danubius に由来する英語読みです。

　ドナウ川にはオーストリアのヴァッハウ渓谷、ルーマニアとセルビア国境付近の鉄門など、多くの名所、旧跡が沿岸に並んでいます。その価値を高めたのが、70 年の歳月を要して完成したライン・マイン・ドナウ運河（写真 2.4-6）で、ライン川とドナウ川の分水嶺に位置し、マイン川方向（北西側）の標高差は 175.1 m です。ドナウ川方向（南東側）の標高差は 67.8 m、もともとあった河川を運河化する部分もあり全長 171 km です。

　ドナウ川の河口付近はドナウデルタとよばれる広大な湿原で船の運航には適さなかったので、本流から黒海に向け、既存の流路をなぞるようにドナウ・黒海運河が建設され、黒海への水運が可能になりました。その結果、黒海から北海まで河船での旅が可能となったのです。

　フランス国内で地中海に注ぐ唯一の大河が全長 812 km、そのうちフランスでの長さが 581 km のローヌ川です。ローヌ川はスイスのローヌ氷河に端を発し、ローヌの谷を東から西へ流れレマン湖でフランスに入ります。そしてパリのおよそ 500 km 南に位置するリヨンで北から流れてくるソーヌ川と合流し、河口付近ではデルタを形成し地中海に注いでいます。逆に合流したソーヌ川を上流に行くと運河を通してロワール川、さらにセーヌ川に入ります。

　ロワール川はフランス南部の地中海に近い中央高地を水源に、ローヌ川と並行するように逆に北へ流れ、パリの南 80 km 付近のオルレアンで西に向きを変え、大西洋に注ぐ全長 1,012 km、フランス国内を流れる最長河川です。流れが西向きになったロワール峡谷の流域には中世の古城が並び、流れが穏やかで水運が発達していました。

　セーヌ川もフランス国内の川で全長は 780 km、パリを通過してイギリス海峡に続くセーヌ湾に注ぎます。フランスのほぼ中央を水源としています。12 〜 13 世紀、バイキングはセーヌ川を遡上してパリにまで侵攻したそうです。フランスでも南の地中海から北のイギリス海峡まで、運河を経由して河川が通じています。

　ロシアのモスクワは白海・バルト運河（1933 年建設）、モスクワ・ボルガ運河（1937）、ボルガ・ドン運河（1952）の開削により、外海やカスピ海とつながり、1,000 トン程度の船舶の運行が可能となり、内陸港になりました。白海・バルト運河は一部の河川を運河化することにより、サンクトペテルブルグから北海までの水路が開かれました。

　ボルガ川はサンクトベルグとモスクワの間のヴァルダイ丘陵の 225 m 付近が源流で全長 3,690 km、ヨーロッパ州最長の河川です。東ヨーロッパ平原を南北に蛇行しながら東へ流れ、東経 50 度線付近で流れを南に変えカスピ海に流れ込んでいます。その途中、モスクワの北 100 km のボルガ川からモスクワまで 1937 年に掘削されたのがモスクワ・ボルガ運河です。この運河の掘削によりモスクワから北海まで、水路で結ばれました。

　またカスピ海の北西およそ 350 km のボルゴグラード付近では 1952 年に、ボルガ川の支流の一つで北に流れているドン川と南下してきたボルガ川（写真 2.4-7）とを結ぶボルガ・ドン運河が掘削され、モスクワからカスピ海への水路も開かれました。このように東ヨーロッパでは既存の河川を運河化し、北海、バルト海、黒海、カスピ海が水路で結ばれているのです。

2.5　湖水

　カスピ海は地球上の最大の湖水で、面積 37 万 4,000 km²、周囲の長さは 6,000 km、湖面の水位は − 28 m です（写真 2.5-1）。地中海、黒海と同じようにテチス海を形成していましたが 550 万年前頃陸地に閉じ込められたと考えられ、テクトニックな成因の湖水です。湖水の塩分濃度が 1.2％と海水の 3 分の 1 程度です。これは陸地に閉じ込められた後全体が干上がり、当時の塩は岩塩となったためです。現在のカスピ海はボルガ川をはじめ約

写真 2.4-5　ライン川のローレライ

写真 2.4-6　ライン・マイン・ドナウ運河

写真 2.4-7　モスクワの北を流れるボルガ川

写真 2.5-1 カスピ海に面したアゼルバイジャンの首都バクー

写真 2.5-2 ジュネーブに面したレマン湖

130の河川の流入で涵養され、蒸発して消耗されています。外洋に流出する河川はありません。

　カスピ海に面する国はロシア、カザフスタン、トルクメニスタン、イラン、アゼルバイジャンです。カスピ海は地形学的には湖水ですが、沿岸各国の話し合いで、海洋と定義されました。そして領海協定にもとづき、沿岸から15海里を領海、その外側10海里を含む25海里を排他的経済水域とする合意が2006年に発効されました。カスピ海では古くからアゼルバイジャンが石油産油国として知られていますが、カザフスタンやトルクメニスタンでも油田や天然ガスの存在が確認されています。

　アラル海は中央アジア西部、カザフスタンとウズベキスタンにまたがる塩湖で、環境破壊によって急速にその面積が縮小していますが、カスピ海の東トゥラン低地、ウスチュルト大地に接して位置するテクトニックの成因の湖水です。北側にはステップ気候地域が広がり、南東側はキジルクム砂漠、南側にはカラクム砂漠が広がります。この縮小の途中でアラル海は小アラル海（北アラル海）と大アラル海に分けられ、間にはアラルクム砂漠が出現しました。アラル海周辺の砂漠地帯の年間降水量は200mm未満で、パミール高原や天山山脈の融雪水が2,000kmも流れて、アラル海を涵養していました。しかし現在では小アラル海にはその水は届きますが、大アラル海には到達せず地下水で涵養されています。いずれにしてもアラル海の水は塩分を含んだ水で、塩類集積が発生しやすく、健康にも害を及ぼす水質です。

　バルハシ湖はカザフスタン東部にあるテクトニックの成因で内陸湖であり塩湖です。カスピ海、アラル海を除くと中央アジアで最大の面積1万7,400km²を有し、ほぼ東西に横たわる長さ665km、最大幅74km、標高343m、平均の深さ5.8m、最大水深26mで、西半分は淡水、東半分は塩湖です。南から流れ込むイリ川、アクス川などにより涵養されている古代湖です。

　一般に湖の寿命は流入する土砂に埋め立てられ数千〜1万年程度ですが、中には10万年、100万年、あるいはそれ以上の寿命の湖水があり、古代湖とよばれています。同じような内陸湖の塩湖で古代湖は中央アジアのイシクル湖、中国の青海湖、イランのウルミア湖など数多く点在しています。『さ

まよえる湖』と称せられた中国のロブノールもこのような湖水の仲間ですが、現在は完全に消滅しているようです。日本の琵琶湖も古代湖です。

シベリアのバイカル湖もテクトニックの成因で古代湖です。北北東から南南西に長さ 680 km、幅は 40 ～ 50 km、最大 80 km、面積は 3 万 1,500 km²、淡水湖としては世界で 2 番目の広さです。湖面の標高は 456 m、最大水深は 1,741 m、したがって最深点は海面より 1,000 m も低いのです。336 本の河川が流入し、流出は南西端に近いアンガラ川で、エニセイ川を経由して北極海へと流れ出ています。水量は豊富ですが、栄養素は貧弱です。しかし、豊富な固有種が生育しています。

中国の太湖は面積 2,428 km² で、カンボジアのトンレサップ湖は面積 2,450 km² とともに世界的にも 1、2 を争う堰き止め湖で、雨期と乾期では湖面の面積が異なります。水上に 100 万人が生活していることでも知られています。

氷河湖の多くはヨーロッパ側に位置していますが、大きなレマン湖（写真 2.5-2）でも、その面積は 584 km² と北アメリカ大陸に位置する氷河性の湖水に比べ、小さいです。

2.6　北、東、南への流れ

アジア大陸には中心から北に流れ北極海に注ぐ川、東に流れ太平洋へ通ずる川、そして南へ流れてインド洋に通ずる川が存在します。

北極海に流れる川はロシアの西シベリア低地や中央シベリア高原を流れる西からオビ川、エニセイ川、レナ川の 3 本の大河があります。これらの川は多くの支流を合わせますので、その長さも資料によっては異なりますが、本書ではすべて『理科年表 2023』に準じます。

オビ川はモンゴルとの国境アルタイ山脈にその源を発し、北極海のカラ海に面したオビ湾に流れ込みます。理科年表では「オビ―イルチシ」として流域面積 299 万 km²、全長 5,568 km ですが、アルタイ山脈からカザフスタンを流れシベリア低地で合流する「イルシチ―コルニイルチシ」だけの長さは 4,248 km です。またオビ川だけの長さとしては 3,701 km です。オビ

川の下流域はツンドラ地帯で広大な氾濫原が形成されています。支流を含めて水運が発達し、凍結しない季節の水運の長さは1万5,000kmにもなります。

エニセイ川はモンゴル国境に近いサヤン山脈やモンゴル内に水源のある河川が合流し、さらにバイカル湖から流れ出たアンガラ川が合流し「エニセイ—アンガラ」の流域面積は258万km²、全長5,550kmの大河となってカラ海に注いでいます。エニセイ川だけの全長は4,090kmです。近年エニセイ川の流量が増えたとの報告があり、温暖化による永久凍土の融解が懸念されています。

レナ川はバイカル湖の西30kmの中央シベリア高原を水源として東に流れ、多くの河川を合流してヤクーツク付近で北に流れを変えて北極海のテプテフ海に流れ出ています。流域面積は249万km²、全長4,400kmで、河口付近は広大なデルタ地帯でツンドラです。下流付近では9月末から5月初めまでの7カ月間は土壌が凍結し、中流域でも10月初旬から5月まではやはり同様に土壌は凍結しています。夏の間はこれらの土壌が融解し湿地が広がり多くの野生動物が集まります。

モンゴル高原に源を発し、中国とロシアの国境を形成しハバロフスクで北北東に向きを変え、オホーツク海の間宮海峡（タタール海峡）に流れ込んでいるのがアムール川です。全長4,416kmのこの川は中国では「黒竜江（こくりゅうこう）」とよびます。

アムール川は栄養豊富な水で水産資源が豊富です。中国側には化学工場などが並びますが、環境汚染が問題化したこともあります。河口付近ではアムール川の流入により、海水の塩分濃度が低く冬季は海氷が発達します。海面を埋め尽くした海氷は、やがて割れて流氷となってオホーツク海を南下し、北海道の北岸に達し、海氷原が出現し、冬季の風物詩となり観光資源となっています。

黄河はチベット高原に端を発し、多くの川を集めながら中国北部を流れ、中流域では内モンゴル自治区にまでコの字型に大きく蛇行し、名勝の函谷関を形成しながら北東方向へ流れ黄海に面する渤海（ぼっかい）に流入する全長5,464kmの大河です。中国では「河」は固有名詞で黄海を、同じように「江」は長江

を意味します。大きくコの字型に蛇行している領域は黄河屈曲部と称され、その南への流域は黄土高原で多くの土砂に侵食され、また、多くの支流が合流することで黄土を大量に含む流れになっています。

華北平原の流れは黄河の下流域で、黄河文明の発祥の地であり、中国文明の中核をなし、歴代王朝も置かれました。河口近くの南側の山東省は孔子の故郷で、その遺跡は世界文化遺産にも登録されています。河口一帯には広大なデルタ地帯が形成されています。

長江の源流（写真 2.6-1）がチベット高原のタングラ山脈の一峰グラタンドン山（6,621 m）の南西麓の氷河と決まったのは最終的には 1986 年です。四川省から雲南省への流れは金沙江とよばれ、虎跳峡と名づけられた名勝を

写真 2.6-1　長江の源流域付近のチベット高原

形成し、メコン川の上流域と並行して深い谷を形成しています（写真 2.6-2）。一つの尾根の違いでメコン川は南へ、長江は東へと流れるようになったのです。

　南下して長江（金沙江）は麗江付近で流れを北に変え、四川省を流れてきた支流と合流し重慶付近から東へと流れています。重慶の北東 300 km 付近は三峡の景勝地でしたが 2009 年ダムが建設され、多くの街が水没しました（写真 2.6-3）。ダムには閘門が設けられ、1 万トン級の船舶でも、重慶までは運航できるようになっています。武漢、南京を通り上海付近で東シナ海へと注いでいます。なお長江の下流部は揚子江とよばれ、日本では 1960 年代頃までは、そのように教えられていました。長江は 1949 年、新中国になって使われ出した名称で、欧米では現在でも「ヤンツーリバー」とよばれているようです。全長は 6,380 km、世界で 3 番目に長い川です。

　黄河下流域と長江下流域が形成する広大な平野をつなぐ水運として、中国では隋（589 ～ 619 年）と元（1271 ～ 1368 年）の時代に運河建設の大工事が行われました。すでに述べたように一般には世界 3 大運河とされているのは海洋と海洋を結ぶために掘削された海路運河です。中国で隋と元の時代に建設された北京から杭州までの「京杭大運河」は内陸運河ですが全長 2,500 km、最高点は 42 m とはるかに大規模で世界最長の運河です。隋（日本では飛鳥時代）の 610 年に完成し、元の時代に再開発されました。

　メコン川はチベット高原に水源を有し、中国の雲南省からミャンマー–ラオス、タイ–ラオスそれぞれの国境を形成し、カンボジアからベトナムを経て南シナ海に流入する全長 4,425 km の国際河川です。流れの季節変化が大きく水運は発達せず、狭い地域での小規模な貿易が行われているだけです。また各国がそれぞれダムを建設し環境破壊も進んでいます。

　そんな中で河口付近のメコンデルタとよばれる一帯はベトナムの穀倉地帯で、広大な地域に 1,800 万人が生活しています。南シナ海の海面より低地域があり、満潮時などにはベトナムからカンボジアまで逆流することもあります。メコン川の流域は世界的に見ても、生物の多様性に富み、現在でも多くの新種が発見されている地域です。

　『理科年表』にはガンジス川はブラマプトラ川（2,840 km）とガンジス

川（2,510 km）の 2 本の河川が示されています。ブラマプトラ川はヒマラヤ山脈の北側、チベット高原に水源があり、ネパール、ブータンに沿って東に流れ、南に向きを変えて中国からバングラデシュに入り、ブータンからの流れも合流し、さらに東流してきたガンジス川と合流しデルタを形成しながらベンガル湾に流入しています。ガンジス川はインド北西ヒマラヤ山脈のガンゴートリー氷河を水源とし、インド北東側の平原地帯を流れ、デリーやアグラを流れてきたヤムナ川、さらにネパールからの流れも合流し肥沃なヒンドスタン平原を形成しています。さらにバングラデシュに入るとブラマプトラ川とも合流しています。国際河川なのに、流路の長いブラマプトラ川でなく、ガンジス川とよぶのはヒンズー教徒にとって聖なる川だからです。

　パキスタンからアラビア海に注ぐインダス川の源は中国・チベット高原で、全長 3,180 km の大河です。カラコルム山脈では 4,500 ～ 5,200 m の大峡谷を形成し、インドに入り、すぐパキスタンへと流入します。インダス川本流の 93％がパキスタン、5％がインド、2％が中国です。パキスタンに入るとすぐに右岸へアフガニスタンからカブール川が合流し、温帯樹林、平野、大インド砂漠の乾燥地帯などを形成し、穀倉地帯への重要な水の供給源となっています。河口には大きなデルタが形成されています。

　紀元前 2600 年頃から流域各地に小都市「インダス文明」が出現し、エジプト、メソポタミア、黄河とともに 4 大文明の一つに数えられています。地殻変動で河川の流路が変わったりして、この文明は紀元前 1800 年には終焉しました。

　チグリス川とユーフラテス川はともにトルコ東部の山間地に水源を有し、シリアからイラクに入りほぼ並行して南東に流れ、合流してシャットル・アラブ川となり、アラビア海に面するペルシャ湾に注いでいます。シャットル・アラブ川の長さはおよそ 195 km です。

　チグリス川は東トルコのタウルス山脈を源として南東へ、シリアを経由してイラクに流入します。チグリス川のシャットル・アラブ川までの距離は 1,900 km、水源付近ではユーフラテス川の水源とは 30 km ほど離れ、ともにメソポタミア平原を潤しています。

　ユーフラテス川は水源付近では西ユーフラテス川（フラト川）と東ユーフ

写真 2.6-2　長江の支流金沙江の虎跳峡

写真 2.6-3　長江の三峡ダム

ラテス川（ムラト川）が、それぞれワン湖北西付近を水源とし、西ユーフラ
テス川がおよそ 450 km、東ユーフラテス川が 650 km 流れた地点で合流し、
そこがユーフラテス川の起点とされています。合流点からシャットル・アラ
ブ川までが 2,800 km で、そのうち 41％がトルコ、24％がシリア、35％
がイラクを流れています。紀元前 8000 年頃から人が住み始め、文字が使わ
れメソポタミア文明が開花した流域です。

　一般に河川は流路が海につながり、水流は外洋へと流出しています。河川
の流出が湖水への場合は内陸河川と称しますが、その流出口は明確です。し
かし、中には流れが地下水になってしまい、出口のわからない河川も存在し
ています。その典型例が中央アジアのタリム盆地を流れる内陸河川のタリム
川で、その長さは 2,030 km です。タリム川はカラコルム山脈に水源を有し、
タクラマカン砂漠の北辺を東に流れ、楼蘭の東に季節によって出現する「さ
まよえる湖」とよばれたロブノール湖に注いでいました。しかし近年はダム
の建設により流量が減り、ロブノール湖が現れることもなくなり、下流域は
ほとんど干上がりました。地球上にはこんな川もあるのです。

2.7　ペルシャとアラビア

　ペルシャはイランを指すヨーロッパの古い名で、ペルシャ帝国はイランを
中心に成立していた歴史上の国家です。イラン高原（ペルシャ高原）はイラ
ンの北部一帯の高原で、西はトルコのアナトリア高原から東はヒンドゥーク
シ山脈とヒマラヤ山脈までの中央アジア、南アジア、西アジアの広大な地域
を含みます。テヘランの南東にはカヴィール砂漠、その先にはルート砂漠が
広がり、西側にはナマク湖などの塩湖が点在しています。

　ペルシャ帝国の最大時の 600 年頃の広さはカスピ海や黒海の南部地域に
まで及びました。現在の国で並べればイランを中心にパキスタン、アフガニ
スタン、ウズベキスタン、トルクメニスタン、アゼルバイジャン、アルメニア、
ジョージア、トルコ、シリアなどに及びます。イラン国の呼称は 1979 年の
イラン・イスラム革命によって「イラン・イスラム共和国」、国名は「イラン」
に統一され、旧ペルシャ帝国時代の遺跡は、多くの国に点在しています。

アラビアはアラビア半島を指しますが、アジアの南西部にアフリカ大陸と結ぶように突き出た世界最大の半島です。紅海、アデン湾、アラビア海、オマーン湾、ペルシャ（アラビア）湾に囲まれ北の付け根はヨルダンとイラクになります。半島のほとんどが砂漠地帯で、アラビア海に面した南東から南側の沿岸地域だけが季節風による温暖湿潤な気候で農業に適した地域です。紅海沿いには北のアラビア高原から南に山脈が続きます。

　政治的にはサウジアラビア王国、クウェート、カタール国、アラブ首長国連邦、オマーン国、イエメン共和国とサウジアラビアとカタール国の沖合にある小さな島国バーレーン王国があります。最大のサウジアラビアは半島の80％の面積を占めますが、ほとんどが不毛の砂漠地帯で、耕作可能地は国土の1.4％に過ぎません。

　アラビア半島へは100万年前にタンザニアを起源とするホモ・エレクトスが定住を始め、7万年前頃から、現生人類が東部のアフリカの角からアラビア半島に住み始めました。2万4000年前頃にはアラビア半島の多雨時代は終わり乾燥が始まり、乾燥地帯のアラビア半島に1万年前頃の多くの岩絵が残る遺跡が発見されています。

　570年頃、メッカ（マッカ）でイスラム教の開祖となるムハンマドが誕生しました。630年ムハンマドが率いるイスラム軍がアラビア半島を統一するも、632年ムハンマドは没しました。その後アラビア半島ではいくつかの王朝の盛衰が繰り返されました。1918年に南部地域で、北側にイエメン王国が独立しましたが、1962年に王政が倒れ、アラブ共和国が成立し、1990年には南部のイエメン民主人民共和国と合併して現在のイエメン（共和国）になりました。1932年にアラブの反乱が勃発、サウジアラビア王国が承認され、1951年カワール油田の開発が始まったことでサウジアラビア王国に多大の富をもたらしました。1971年にはバーレーン、カタール、アラブ首長国連邦、オマーンが独立しました。

　この地域を中東というよび方には、厳密な定義はなくヨーロッパから見て東に位置し、文化の同一性や距離感などから使われている言葉で、インド以西のアフガニスタンを除く西アジアやアフリカ北東部の総称です。アラビア半島の7カ国に加え、イスラエル、イラク、イラン、エジプト、シリア、

トルコ、パレスチナ、ヨルダン、レバノンの 16 カ国とされています。

2.8 最深の亀裂とオリエント文明の十字路

アラビア半島の北西、地中海に面しシリア、レバノン、イスラエルが南北に並び、イスラエルの中にはパレスチナ自治区が設けられています。レバノンとシリアの国境付近には北からレバノン山脈、アンティレバノン山脈が位置し、その東側にはシリア砂漠が広がり、南側にはゴラン高原が続きます。

ゴラン高原の南、シリアとヨルダン、イスラエル 3 国の国境付近のイスラエル側にティベリアス湖（ガリラヤ湖）があり、ゴラン高原からの流れによって涵養され、湖面の標高は -212 m、湖底の最深点は -252 m です。この湖水から流れ出ているのがヨルダン川で、イスラエルとヨルダンの国境を形成しながら約 100 km 流れ死海へと流入します。

死海の湖面の標高は -423 m、最深点は -826 m、南北の長さがおよそ 60 km、最大幅 17 km、面積はおよそ 1,020 km² で、流出口のない内陸湖です。死海の塩分濃度は海水の 10 倍になる 30% の塩湖です。体の沈まない死海での水浴はヨルダンやイスラエル観光の目玉の一つです（**写真 2.8-1**）。

ティベリアス湖、ヨルダン川、死海と続く一連の谷は、長さが 200 km、海面からの深さがおよそ 250 ～ 400 m を超え広さは全体で 3,830 km² に及ぶ地球上にできた最深の亀裂で、ヨルダンリフトバレーとよび岩盤表面の深さは 800 m を超えるのです。

イスラエルは南西アジアに位置する共和制国家で北はレバノン、北東はシリア、東はヨルダン、南西はエジプトに接し、西は地中海に面しています。さらに中央付近には南北に長くヨルダン川西岸地区と地中海に面したガザ地区がパレスチナ自治区になっています。首都はエルサレムとしていますが、国際的には限定的で、国連はテルアビブと決議しています。

この地域は肥沃な地で青銅器時代から人々が居住しており、紀元前 11 世紀頃にはイスラエル王国が成立していました。紀元前 930 年頃にイスラエル王国は内乱で北のイスラエル王国、南のユダ王国に分裂しました。北のイ

写真 2.8-1 **死海の湖畔.** 地球表面の最も深い谷

スラエル王国は紀元前 722 年、アッシリアに滅ぼされ滅亡、ユダ王国も紀元前 586 年にバビロニアに滅ぼされ、バビロニアもペルシャ帝国に滅ぼされるというような歴史が繰り返されましたが、ユダ王国はローマ帝国の属州として存在を続けていました。

　西暦 66 年、ユダ王国は独立を目指して第一次ユダ戦争が勃発しましたがローマ帝国に鎮圧され、132 年再び第二次ユダ戦争を起こしましたが、135 年には鎮圧されました。この地を離れたユダヤ人をディアスポラとよび、早い時期から存在していましたが、2 回目の鎮圧で多くのユダヤ人がディアスポラになりました。

　1099 年の第 1 回十字軍によってキリスト教のエルサレム王国が成立し、1200 年には滅亡しました。1517 年にはこの地をオスマン帝国が支配し、第一次世界大戦の終了まで続きました。

　19 世紀にはシオニズム運動が起こり、東ヨーロッパからオスマン帝国の

写真 2.8-2　**イスラエル・エルサレムのダヴィデの塔と旧市街を分ける道路**

支配しているパレスチナへ数万人のユダヤ人が移住してきました。1909 年にはルーマニアからの移民がテルアビブを建設しています。

　1918 年、オスマン帝国の降伏により、イギリスの占領統治が始まり、1922 年には国際連盟が定めた委任統治制度により、イギリス委任統治領パレスチナとして運営されるようになりました。その間にもユダヤ人の移民が進み、アラブ人との軋轢は次第に増大していき、イギリスの委任統治のもとで三つ巴の争いが続きました。第二次大戦中にはユダヤ人は義勇兵としてイギリス軍に入り参戦していましたが、ナチスのホロコーストはすべてのユダヤ人を震撼させました。

　1948 年、イギリスは委任統治を諦め、すべてを新設された国際連合に託しました。国際連合ではユダヤ国家、アラブ国家の分割案と連邦制国家案が出ましたが、結局は分割案となり、ユダヤ人はこの案を受け入れ 1948 年 5 月 14 日にイスラエルは国家独立宣言を行いました。しかしアラブ人はこの

案を受け入れず、アラブ諸国はパレスチナを支援するため軍隊を動員し第一次中東戦争が勃発、その時々の休戦協定で衝突は短期間で終わりましたが、紛争は第四次中東戦争まで続き、70年以上が過ぎた現在でもその争いは続いています。

　イスラエルの支配面積は22,000 km²と狭く、南北は470 kmありますが東西の最大幅は135 kmです。地中海に面した沿岸の平野部は気候が温暖な肥沃の農業地帯で、人口のほとんどが住んでいます。北部のガラリヤやゴラン高原は降水量も多く緑が保たれています。

　イスラエルは首都をエルサレムとしていますが、国連はテルアビブを首都とし国交を有する国は大使館を置いています。2018年アメリカは大使館をエルサレムに移し、数カ国が追従しています。エルサレムは世界最古の都市の一つでユダヤ教、キリスト教、イスラム教の聖地です。エルサレムは死海の西側に位置し、標高は800 mを超える地域です。

　エルサレムの中心地域は一辺が1 kmにも満たない城壁で囲まれた、世界文化遺産になっている旧市街です（写真2.8-2）。旧市街を含む東側が東エルサレム、西側が西エルサレムで1949年以前のエルサレムの80%を占めています。イスラエルの国会や省庁、大学、ハイテク企業などが並んでいます。東エルサレムは本来のエルサレムの20%の面積でしたが、第一次中東戦争（1948〜49年）でヨルダンが占領、パレスチナが独立後に首都にすると規定している地域です。1967年の第三次中東戦争でイスラエルが占領しイスラエルの国土は拡大しました。イスラエルはこの地域に多くのユダヤ人を入植させています。

　城壁に囲まれた旧市街は北西側がキリスト教徒地区、南西側がアルメニア人地区、北東側がイスラム教徒地区、南東側がユダヤ人地区に区分されています。キリスト教徒地区にはイエスの墓がある「聖墳墓教会」や「悲嘆の道」、ユダヤ人地区には24時間祈りがささげられる「嘆きの壁」、イスラム教徒地区にはムハンマドが昇天したといわれる聖なる岩を覆う岩のドームなどがあり、それぞれの聖地となっています。

2.9　シルクロード

　シルクロードは紀元前 2 世紀頃から 15 世紀半ばまで広く利用された交易路です。全長 6,400 km とも 1 万 km とも言われ、東の起点は中国の長安（現在の西安）、西はイタリアのローマが一般的ですが、日本の正倉院に残るヨーロッパの数々の品物から、その東の端は奈良ともいわれます。また西の終着点もローマばかりでなく、多くの都市と結ばれていたようです。

　一般に東西の交易路としてのシルクロードは、必ずしもアジア大陸の中央を横断するばかりでなく、草の道、海の道、茶馬古道、南アジアルートなどとよばれるものもありますが、本書ではアジア大陸の中央を通る、草の道とオアシス道について述べておきます。

　草の道は西安から北に向かいモンゴルの古都カラコルムを経て西に向かい、ステップ気候のモンゴル、カザフスタンの草原を通りアラル海、カスピ海、黒海の北側から南ロシアの草原に至ります。草原に住む遊牧民（騎馬民族）が東西交流の役割を担っていたのです。

　現在は多くの場合、シルクロードは「オアシスの道」を意味するようですが、西安から西へ向かい蘭州あたりで黄河を渡り敦煌（とんこう）に至り、西域南路、天山南路（西域北路）、天山北路の 3 本に分かれます（写真 2.9-1）。

　敦煌の北西 90 km にはシルクロードの重要な関所の一つ玉門関（ぎょくもんかん）遺跡が現在も残っていますが、漢代と唐代に堅固に建設されました。現在残っているのは唐代に建設されたものです

　西域南路はここからタクラマカン砂漠の南側に沿って進むルートです。タクラマカン砂漠の境界は不明瞭な所が多いですが、東西 1,000 km、南北 400 km、面積は 32 万 4,000 km²、最低海抜は － 130 m、つまり海面よりは低いところがあるのです。ルートはその南側、崑崙山脈北麓のオアシスを通りカシュガルからパミール高原に至り、紀元前 2 世紀頃には確立していました。12 世紀にマルコ・ポーロはこの道を通り、元の都を訪れた際に「東方見聞録」を残しています。マルコ・ポーロ一行の帰路は海路でした。

　天山南路（西域北路）はタクラマカン砂漠の北側に広がるタリム盆地の北側の天山山脈の南麓のコルラ、クーチョ、アコスなどを経てカシュガルに達

します。そこからは西域南路と同じパミール高原を越えることになります。西域南路とほぼ同じ時代から使われ、最も重要な隊商路で、敦煌、楼蘭を通ってコルラに行く道と、敦煌の手前の安西から北上し、ハミで西進してトルファンを通りコルラに行く道がありました。7世紀、インドへ行った三蔵法師玄奘はこの道を通ったようです（写真 2.9-2、2.9-3）。

　現在のタジキスタンのパミール高原を越えたシルクロードはペルシャへと入り、ウズベキスタンのタシュケント、サマルカンド（写真 2.9-4）、ブハラ、トルクメニスタンの千夜一夜物語の舞台メルブへと続きます。さらにテヘラン、アンカラ、イスタンブールなどを通りヨーロッパへとつながっています。

写真 2.9-1　敦煌（莫高窟）

写真 2.9-2　**高昌城跡.**
三蔵法師玄奘がインドに行く途中 2 週間滞在し説教した.
帰路もよるように乞われ、15 年後に訪れたら皇帝は亡く
なり廃墟と化していた.

写真 2.9-3　**西安・大雁塔、三
蔵法師玄奘がインドから持ち
帰った経典を翻訳した場所**

写真 2.9-4　**オアシスの街ウズベキスタンのサマルカンド**

2.10　岩塩と塩湖

　ヨーロッパを旅行したとき、露店で岩塩を売っているのを見た記憶がありますが、強烈な印象を受けたのはモンゴルでした。ウランバートルに到着して間もなく、市内でタクシーの運転手から「ソルトロック（岩塩）は買わないのか」と聞かれ、一瞬何のことかわかりませんでした。ウランバートルでも、市内の所々で直径が 10 〜 30cm ぐらいの岩塩を並べて売る店や露店がありました（写真 2.10-1）。

　「モーツァルトの街」や「音楽の街」とよばれるオーストリアのザルツブルクは「ザルツ（塩）」と「ブルク（城郭、砦)」からわかるように塩の集積地です。付近の岩塩抗から採取され製塩された塩はザルツァッハ側の船乗りたちによってザルツブルクに集められ、ヨーロッパ各地に送られました。

　ポーランドにもいくつかの岩塩坑がありますが、南の古都クラクフの近くにあるヴィエリチカ岩塩坑は 13 世紀から掘り始め、1996 年に商業的な採掘は終わりましたが、現在は観光地として保存されています。世界最古の岩塩坑、製塩企業として 1978 年最初の世界文化遺産に登録され、その名称は2013 年に「ヴィエリチカ・ボフニャ王立岩塩坑」に変更されました。

　岩塩坑は地下 9 層、最深部は 327 m、総延長 300 km にまで掘り進められましたが、現在はそのうち地下 3 層、135 m までの 3.5 km が観光ルートとして一般に開放されています。ルートには坑夫たちが岩塩を削って製作した多くのモニュメントが並んでいます。大きな礼拝所もあり、そのキリスト像も岩塩からつくられ、ホールではコンサートや結婚式なども行われています。歴史的に見ても、岩塩の採掘はポーランドの経済に大きな貢献をしてきています。

　ユーラシア大陸内には多くの塩湖（写真 2.10-2）が存在し、それぞれ食塩が生産されています。食塩ばかりではありません。中国青海省の青海湖も大きな内陸湖であり塩湖です。湖畔には塩の浜ができています。この湖水では化学肥料を生産しています。

　死海は塩化ナトリウムよりは塩化カルシウムやミネラルが多く、イスラエルやヨーロッパの富裕層は温泉気分で沐浴を楽しんでいるそうです。死海で

の沐浴は皮膚病にも良いとされ、さらに体に泥を塗りつけたりして療養と観光とを楽しんでいます。

2.11　カルスト地形

　石灰岩層の台地では水に溶けやすいため、雨水、地表水、土壌水、地下水によって地層が浸食され、地表には大きな窪地が、地下には鍾乳洞が形成される地形が出現しています。スロベニアのカルスト地方にこのような地形が存在したことから、命名されました。地表には直径 100 m にもなる窪地ドリーネのほか中国桂林のタワーカルスト、ピナクルとよばれる針の山はマダガスカルではツィンギーと称されるなど、特徴的な地形が創出されています。

　スロベニア南部のシュコツィアン洞窟群は 1986 年に世界自然遺産に登録されましたが、深さが 200 m 以上、全長 5 km の洞窟内には川が流れ世界最大の地下渓谷です。そこから 33 km に位置するポストイナ鍾乳洞は、いろいろな洞窟がつながった総延長 20 km、スロベニア最大に鍾乳洞です（写真 2.11-1）。一般に鍾乳石の成長は 10 〜 30 年で 1 mm、その下に成長する石筍は上に延びますが、上下が接合すると石柱とよばれます。鍾乳石の中にはいろいろな形に見えるものがあり、「ラクダ岩」「カメ岩」のようにそれぞれ命名されています。これらの鍾乳洞の美しい景観は 200 万年間の時間を要して形成されたのです。

　現在観光客に開放されているのは 5 km ほどで、そのうち 3.5 km はトロッコ型の電車が走っています。途中会議ホールとよばれている空間や 1 万人が収容でき、毎年コンサートが開かれる空間は徒歩で見物することになります。

　アーキテクトスロバキアカルスト洞窟群もハンガリーとスロバキアの国境付近に 700 以上の鍾乳洞が広がるカルスト地形です。両国が共有する世界自然遺産です。

　壁画で有名なスペイン北部のアルタミラ洞窟も長さが 270 m の鍾乳洞です。その鍾乳洞の壁に 1 万 8500 年前頃と 1 万 6000 〜 1 万 4000 年前頃に描かれた野牛、イノシシ、馬、トナカイなどの動物を中心とする絵が現存

写真 2.10-1　モンゴルで入手した岩塩

写真 2.10-2　トルコの塩湖「トゥズ湖」

写真 2.11-1　ポストイナ鍾乳洞入口

しています。1 万 3000 年前頃に洞窟内の落盤によって入口がふさがれ 19
世紀になってようやく発見され、1985 年に「アルタミラ洞窟」として世界
文化遺産に登録されました。その後 2008 年に付近で発見されていた 17 洞
窟も加え「アルタミラ洞窟とスペイン北部の旧石器洞窟美術」として世界文
化遺産に登録されています。壁画は外気に触れ破損が進んでいるので、すべ

て非公開になっています。

　基盤岩が必ずしも石灰岩ではなく、大量の石灰成分が溶け込んでいる地下水や温・熱水からの石灰華が大規模に再沈殿して創出される地形もカルスト地形に含まれます。クロアチアのプリトヴィツェ湖群国立公園（写真 2.11-2）、中国の九寨溝<ruby>九寨溝<rt>きゅうさいこう</rt></ruby>、トルコのパムッカレ（写真 2.11-3）などがその例です。

写真 2.11-2　クロアチアのプリトヴィツェ湖群国立公園

写真 2.11-3　トルコのパムッカレ

2.12　溶岩台地

　流動性のある玄武岩質溶岩が割れ目噴火や多数の噴火口から大量に噴出し、それまで存在した地球表面の凹凸を埋め尽くし平坦な地形が形成されました。噴火は何回も繰り返され、厚さが 2,000 m の台地となり、その後は侵食が進んでいます。このような地形を溶岩台地とよびます。

　溶岩台地の典型例はインドのデカン高原やアメリカ合衆国のコロンビア高原が挙げられます。デカン高原はインド亜大陸（インド半島）の南半分を三角形に占め、総面積は 190 万 km²、標高は 300 ～ 600 m と平坦で、6700 ～ 6500 万年前に大量のマグマが噴出してデカン高原の溶岩台地が形成され、デカントラップとよばれています。

　当時は地球上で恐竜が絶滅した時代ですが、インド亜大陸は北上中で、ホットスポット型の噴火によりマグマが噴出を続け溶岩台地が出現しました。その場所は現在のインド洋のレユニオン付近と推測されています。

　デカントラップは全体の西側が高く、東側へ緩やかに傾斜しています。西ガーツ山脈に源のあるゴーダヴァリー川、クリシュナ川、カーヴィル川がそれぞれ多くの支流を集め東流してベンガル湾に注いでいます。また、北部を流れるナルマダー川とタブティー川の 2 本は東から西に流れアラビア海に注いでいます。

　インド北部の河川はヒマラヤ山脈の融雪水が流れますので、年間を通して水量は豊富ですが、デカン高原の河川は降雨に依存していますので、乾期には干上がることもあります。

　玄武岩溶岩で形成された高原の西側の土壌は風化して肥沃な黒色土となって厚く堆積しているので保水力があり、多くの雑穀がこの土壌地帯で栽培されています。特に綿花栽培の世界的な産地となっています。

　アジャンターとエローラの石窟寺院群はともに世界文化遺産に登録されていますが、この玄武岩溶岩の岩盤を掘削、彫刻してつくられています（写真2.12-1）。

　ユーラシア大陸のほぼ中央付近に位置する中央シベリア高原にも、玄武岩溶岩が洪水のように流れ出て形成された溶岩台地が残っています。これ

は「シベリアトラップ」とよばれており、ペルム紀（2億9900万〜2億5100万年前）に形成され、700 km² の面積を有しています。

2.13　石柱林

　ここでは石柱が林立する光景を石柱林と表現します。少なくともユーラシア大陸には二つの有名な石柱林が存在しています。形成された原因は異なりますが、トルコのカッパドキアと中国の張家口・武陵源です。

　カッパドキアはアナトリア高原中央部に位置し、周囲を山に囲まれた高原です。アルプスの形成時期と同時代にアナトリア高原は形成され、付近にはエルジェス（3,917 m）、ハサン（3,300 m）があります。ともに山頂には雪を頂き、アナトリア高原形成後の火山活動で噴出した山ですが、現在は活火山ではありません。付近一帯では火山活動が始まると火山灰が堆積し、現在は白っぽい凝灰岩の地層として識別されています。その後の噴火では玄武岩質の溶岩が噴出して地表を覆い、侵食が始まり現在の姿になっています。

　カッパドキアには青銅器時代には人が住み始め、紀元前6世紀頃には歴史上にも登場してきます。3世紀頃になると、キリスト教徒によって地下都市がつくられ、支配されていたローマ帝国に対峙していました。その後15世紀頃まではオスマン帝国がカッパドキアを領有し、現在はトルコ領で、大観光地になっています。

　キリスト教が伝来して以来、岩に掘られた教会や家々、地下都市など、数多くの見るべきものがつくられていきました。現在の観光資源の第一は石柱林の奇岩ですが、これは「妖精の煙突」とよばれています。ギョレメ谷は地層や地域の成り立ちが見られる谷、点在する岩窟教会や地下都市、岩の要塞など枚挙にいとまがありません（写真 2.13-1）。

　ギョレメ国立公園はカッパドキアの中に設けられている国立公園ですが奇岩群と古代ローマ時代にギリシャのキリスト教徒によって建設された地下都市があり、1985年に「ギョレメ国立公園とカッパドキアの岩窟群」として世界複合遺産に登録されました。

　妖精の煙突の奇岩はいろいろな形をした岩の尖塔群です。「キノコ岩」と

写真 2.12-1　**インド・アジャンター石窟**

写真 2.13-1　**トルコ・カッパドキア.** 大きな塔の中に教会が掘られている

　よばれる石柱は太くて白い凝灰岩の柱の上に黒っぽい玄武岩の帽子をかぶった石柱で、高さは数mの小さな奇岩から10mを超える大きな石柱までいろいろあります（写真 2.13-2）。とんがりテントを連想させる高さが10mを超す凝灰岩の白い尖塔群では、人々は中をくりぬき、居住空間や教会にしたりしています。

写真 2.13-2　カッパドキアのキノコ岩

写真 2.13-3　中国・武陵源

　点在する地下都市は未調査の地域も多く、まだ完全な解明はなされていないようです。そんな中で 1964 年から公開されているカイマクル地下都市は面積が 2.5 km² を有し、6 世紀頃にこの地を襲ったペルシャやアラブの襲撃に備えてつくられたと考えられています。現在は地下 4 階までは整備され公開されていますが、地下 7 〜 8 階の規模であろうと推定されています。

通路のわきに居住空間と、馬や家畜を飼う空間もあります。

　残されている多くの教会の壁には、いろいろな場面を描いたフレスコ画（壁画）が残されています。その一つ聖バルバラ教会は中央ドームと掘り残した2本の柱だけの簡素なつくりですが、後陣には玉座に座るキリストが、脇陣の一つの壁にはカッパドキアの聖人の活躍が、その反対側には意味不明のいろいろな柄が描かれています。この意味不明の柄はこの凝灰岩を削ってこの教会をつくった人々が魔除けの目的で描いたのではと推測されています。

　カッパドキアがトルコの観光地として古い歴史があるのに対し、中国の武陵源が観光地となったのは21世紀になってからです。1984年に湖南省長家界市のこの地を訪れた人によって武陵源と名づけられ、観光開発が始まったのです。張家界国立森林公園・索渓峪自然保護区・天子山自然保護区などの総称が武陵源です。開発前の1992年に世界自然遺産に登録されました。

　武陵源はカルスト地形の石灰岩や珪岩の地層の侵食により200m、300mの高さの石柱が3,000本以上も並んでいる石柱林の地域です（写真2.13-3）。火山噴出物の堆積層が侵食されたカッパドキアに対し、武陵源は海底で堆積した石灰岩や珪岩の地層が削られてできたので、その成り立ちは根本的に異なります。武陵源の石柱には植物が生えていますし、海棲生物の化石が含まれますが、カッパドキアでは見られません。

　武陵源では「詩人の心と画家の目をもて」と言われています。石柱の頂上に松の木が生えていて毛筆の毛のように見えることから「御筆峰」と名づけられています。「仙女献花」「三人姉妹」とよばれる石柱もあります。それぞれ詩人や画家の心で見えた姿を表現しているのでしょう。

　人造湖の宝峰湖の遊覧は湖岸に屹立する奇岩群が水墨画を演出しています。また40以上の鍾乳洞のうち、観光に開放されているのは全長5km以上の黄龍洞の一部だけです。

　公園内はロープウエー、シャトルバス、エスカレーターやエレベーターで結ばれています。特に百龍江エレベーターは326mの高さの上の部分200mほどが岩壁に沿って建設され、下の部分は岩盤をくりぬいてつくられていることが公園内の名物になっています。

2.14　太平洋岸に並ぶ火山

　『理科年表 2023』によればユーラシア大陸の太平洋沿岸に沿ってカムチャッカ半島から、インドネシアの島々、さらにメラネシアのサモアやトンガの「世界のおもな火山」として 49 座の活動的な火山が並んでいます。ただし日本列島の活火山 110 座は含まれません。

　カムチャッカ半島では 7 座が並びますが、半島最高峰のクリュチェフスコイ火山（4,754 m）にはカムチャッカ火山観測所があり、数年おきに噴火を繰り返し、最近では 2019 年 4 月 16 日〜 2020 年 6 月 16 日まで継続していました。カリムスキ火山（1,513 m）は 1771 年以来頻繁に噴火を繰り返しており、2020 年 4 月 1 日に始まった噴火が今も継続中です。最北に位置するシュベルチ火山（3,283 m）は 1980 年以来、ドームの成長や破壊を繰り返し火砕流も発生しています。ベズイミアニ火山（2,882 m）は 1956 年に史上初めての噴火が発生し、大爆発で山頂が 185 m 低下し、現在も噴火活動が続いています。トルバチク火山（3,611 m）は 18 世紀以来噴火活動を繰り返していましたが、1975 〜 76 年の噴火はカムチャッカ半島では史上最大の火山噴火でした。

　カムチャッカ半島の南に並ぶ千島列島のサリチェフピーク（1,496 m）は 2009 年に噴火し、さらに 2020 年 2 月 29 日に噴火し現在も活動中です。

　アジア大陸東端の朝鮮半島北部、北朝鮮と中国国境の白頭山（2,744 m）は 942 年に大噴火を起こし、日本の東北、北海道にも降灰がありました。

　日本の伊豆・小笠原列島の火山帯の延長線上にあるマリアナ諸島も火山列島でパハラス島（337 m）、バガン島（570 m）などの火山が並んでいます。

　フィリピンも日本同様火山列島です。ルソン島に位置するピナツボ火山（1,486 m）は 1991 年に 600 年ぶりに大噴火を起こし、噴煙は 20 km 以上の高さに達しました。成層圏にはエアロゾルの層が形成され地球の平均気温が 0.5℃低くなった影響で冷害が発生、1883 年クラカタウ以来の大噴火でした。タール火山（311 m）は 1911 年に 1,400 人、1965 年 190 人が死亡する噴火が発生し、1977 年にも噴火、2020 年 1 月 12 〜 22 日にも噴火しました。典型的な円錐型火山のマヨン（2,462 m）では 1814 年に死者

写真 2.14-1
**インドネシア・ジャワ島の
メラピ火山を望むポロブ
ドゥール寺院**

1,200 人の噴火が発生しています。

　インド洋に面している島々もありますが、インドネシアも火山列島です。スマトラ島、ジャワ島をはじめ多くの火山島が並んでいます。スマトラ島のシナブン火山（2,460 m）は 2010 年から活動を再開し 2014 年の火砕流で死者 16 人、2020 年 8 月 8 日からも噴火が発生、活動を継続しています。

　スマトラ島とジャワ島の間にあるスンダ海峡では、クラカタウの活動が繰り返されています。1883 年に大爆発が発生し、クラカタウ島が消滅、海底にカルデラが形成されたことで津波も発生、3 万 6,000 人が犠牲になった人類史上最大の火山災害です。現在のアナクラカタウ島は 1930 年に出現し、2018 年 6 月から噴火活動が始まり 12 月 22 日の噴火に伴い山体の一部が崩壊し、津波が発生して 429 人以上が犠牲になりました。この噴火活動は2020 年 4 月まで継続しました。

　ジャワ島には 9 座の活動的火山があり、その一つメラピ（2,910 m）は1006 年には死者数千人、1632 年は 3,000 人、1990 年は 1,400 人、1966年は 64 人、2010 年は 322 人と噴火のたびに多数の犠牲者が出ています。2020 年 12 月 31 日から噴火が始まり現在も継続中です。また島内最高峰のスメル（3,657 m）は近年ほぼ連続的に噴火しています。

　メラピの南西側に接するように位置するポロブドゥール寺院は、世界で最大、最古の仏教遺跡で、世界文化遺産に登録されています（写真 2.14-1）。

　パプア・ニューギニアでもニューギニア島に 3 座、ニューブリテン島に

はラバウル（688 m）ほか1座があります。1937年にはラバウルで死者505人、1994年には、ダブルブル火山とシンプソン湾の海底火山がほぼ同時に噴火しました。

　ミクロネシアのバヌアツ、サモア、トンガにも火山島があります。2022年1月15日13時頃（日本時間）、トンガで海底火山が噴火しました。日本では海底火山の噴火らしい、津波が発生したらしいなど断片的な情報しか得られず、被害は心配もされていませんでした。結局トンガの海底火山の噴火で津波が発生し、日本の太平洋沿岸でも漁船の転覆など若干の被害が出ました。8,000 kmも離れた地点の火山噴火で津波が発生し被害が出るというきわめて珍しい事例となりました。

写真 2.15-1　**キナバル山**

写真 2.15-2
ボルネオゾウ

2.15　ボルネオとスリランカ

　ボルネオ島は東南アジアの島で北西側は南シナ海、東側はセレベス海、南側はジャワ海に囲まれた面積およそ 74 万 km² で、地球上で 3 番目に広く、インドネシア、マレーシア、ブルネイの 3 カ国の領土です。ボルネオは英語のよび名、インドネシアではカリマンタとよばれています。

　アルプスやヒマラヤの造山運動の最も東端で環太平洋造山帯に接する地点に位置し、形成されて以来、ほぼ同じ位置なので島の熱帯雨林は地球上最古と考えられています。島のほぼ中央を南北に走るイラン山脈の北東端に最高峰のキナバル（4,094 m）（写真 2.15-1）が、南部にはインドネシア領内で最高峰のラヤ（2,278 m）が位置します。

　熱帯雨林の気候なので年間降水量は 4,000 mm で 10 月から 3 月頃までが雨期です。インド象を小型にしたようなボルネオゾウ（写真 2.15-2）、スマトラサイ、オランウータン（写真 2.15-3）などの大型動物が生息しています。特にオランウータンに関してはセメンゴ野生生物保護センターが国際的に知られています。

　潜在する豊富な鉱物資源を目指して 15 ～ 16 世紀頃には中国やヨーロッパの商人たちの渡来が始まりました。1881 年にはイギリスがボルネオ会社を設立、1888 年には島の南東（南カリマンタ）を占めていた中国系の会社が滅亡しオランダ領になり、同年 7 月にはイギリス保護国北ボルネオが成立しました。1942 ～ 45 年の第二次世界大戦中は日本が占領していました。

　1945 ～ 49 年のインドネシア独立戦争を経て南東部側の広い地域がインドネシアに、1963 年には北ボルネオ（北西域）がマレーシアに編入されました。1984 年にイギリスの保護下に置かれていたブルネイ（ブルネイ・ダルサラーム国）がスルターンの称号を有する国王の立憲君主制の国として独立しました。ブルネイの国土は島の北西側マレーシア領内の東シナ海に面した狭い地域（面積 5,765 km²、日本の三重県とほぼ同じ）、島全体の 0.8 %ですが、石油や天然ガスを豊富に産出するので、国王は非常に裕福だとされています。

　スリランカはインド亜大陸の南東、ベンガル湾の南西端にポーク湾を挟ん

で位置しているスリランカ民主社会主義共和国の通称です。国土のほとんど
を一つの島セイロン島が占めていますが、インド亜大陸とともにゴンドワナ
から分離して現在の位置にたどり着いたと考えられています。ゴンドワナの
時代にはインドとともに南極大陸の現在の昭和基地付近に位置していたよう
です。島の面積は 6 万 5,600 km² で、世界で 25 番目の大きさの島です。

　セイロン島の北部は平坦な地形で、海岸沿いには南部の中央高原から流れ
出てベンガル湾にそそぐ最長のマハウェリ川（全長 335 km）の沖積平野が
広がっています。平坦地が続く地域では井戸水を使っての地下水灌漑による
農業が行われています。その南は標高 300 〜 900 m の高原ベルト地帯で、
山岳地帯の周辺部です。5 世紀の仏教王国の宮殿跡で高さ 195 m の岩山の
上に残るシギリヤ・ロックはこの地域にあり、世界文化遺産に登録されてい
ます（写真 2.15-4）。中央から南部にかけて山岳・高原地帯で最高峰のピドゥ
ルタラガラ（『理科年表』ではピズルタガーガラ〔2,524 m〕）やアダムスピー
ク（2,243 m）などを含め 2,000 m 級の山々が連なり、山麓には 1,000 m
級の高原が広がっています。

　気候は全体には熱帯性の高温多湿で海岸地域や低地では年平均気温が 27
〜 28℃ですが、高原地域は 22℃と冷涼で年間を通して常春の気候です。年
間の降水量が 1,875 mm を基準に乾燥地域と湿潤地域に分けていますが、
北部の乾燥地域は国土の 70％を占め、熱帯雨林の湿潤地域は総人口の 30
〜 40％が居住し、相対的には人口密度の高い地域になっています。

　湿潤地帯の南西端に位置する最大の都市コロンボを含み首都のスリジャヤ
ワルダナプラコッテなど周辺だけで全人口の 25％にあたる 540 万人が住ん
でいます。

　1948 年 2 月 4 日、イギリスから独立しイギリス連邦内王国としてイギリ
ス連邦内の自治領になり、国名をセイロンとしました。独立はしましたが、
国内が一つにまとまらずに混乱が続いています。1972 年、シリマヴォ・バ
ンダラナイケが世界初の女性首相となり、仏教を準国教扱いにする憲法を
制定し、共和制に移行、国名を「スリランカ共和国」としました。「紀元前
483 年にシンハラ人の祖とされるヴィジャヤ王子がスリランカに上陸しア
タダーダラ王国をつくった」とされる歴史に基づいての国の原点に帰る政策

写真 2.15-3　**オランウータン**

でした。

　1977年、ジャヤワルダナが首相に就任し民主主義が導入され、経済の自由化が始まりました。1978年には議院内閣制から大統領制に移行し、国名も現在の「スリランカ民主社会主義共和国」となりました。

　イギリスの植民地時代からスリランカはシナモン、紅茶、天然ゴムなどの作物が盛んで国を維持してきました。その状況は現在でも同じで紅茶、天然ゴム、コーヒー、砂糖などの生産・輸出は主要産業で、さらに繊維産業や電気通信分野の重要性も増しています。

　スリランカでは国民の70％が仏教徒、13％がヒンズー教、10％がイスラム教を信じ、7％がキリスト教徒です。したがって仏教はとても大切にされています。釈迦の歯を祀るキャンディの仏歯寺は一大聖地であり、観光地になっていて「聖地キャンディ」として世界文化遺産に登録されています。

写真 2.15-4　**セイロン島（スリランカ）のシギリヤ・ロック**

第 **3** 章

アフリカ大陸

ジンバブエ・ボツワナ国境の
ヴィクトリア滝
（ヘリコプターより撮影）

3.1　熱帯雨林だけではない

　第二次世界大戦直後の日本は非常に貧しい時代でしたが、子どもたちを喜ばせたのはターザン映画でした。白人の野生児ターザンが熱帯雨林のジャングルの中を跳び回り、暴れ回る姿は私の頭の中にも焼き付きました。それと同時に疑問を感じたのは、同じアフリカなのになぜエジプトは乾燥した気候なのかという素朴な疑問でした。その疑問を抱いてから 70 年以上が経過した昨今、ようやくその疑問が解けました。

　アフリカ大陸の中央には赤道が通り、直下付近では確かに熱帯雨林が発達していますが、その面積はアフリカ大陸の 10% 程度だということにまず驚きました。そして、アフリカ大陸の 50% 程度が乾燥地帯だったのです。熱帯雨林は赤道を中心に南北それぞれ緯度が 5 ～ 10 度の範囲に広がり、年平均気温は 20℃ 以上、年間の気温差は 6℃ 以下と小さく、年間降水量は 2,000 mm を超す高温多湿な気候区を指します。そこには常緑広葉樹が分布し、地球上の動植物の半分が生育していると言われています。

　アフリカ大陸でこの熱帯雨林気候区があるのは中央から西側に広がるコンゴ盆地だけで、現在の国名ではコンゴ民主共和国、コンゴ共和国、中央アフリカ共和国ぐらいで、気温は年間を通じて 25℃ 前後です。赤道直下、コンゴ民主共和国の標高 415 m のキサンガニは年平均気温が 25.3℃、年間の月平均の気温差はほぼ 1℃ 以内、年間降水量は 1,761 mm で、最多月と最少月の差は 100 mm 程度です。同じ赤道直下でも東のエチオピア高原や、ケニア、タンザニア北部などは、サバナ気候区に属します。

　サバナ気候（あるいはサバンナ気候）は熱帯に位置し、乾期と雨期がある地域です。最寒月の平均気温はヤシが育つ 18℃ 以上、降水量はほぼ 1,500 mm 以上の地域が多いです。標高 309 m、南緯 4 度 23 分に位置するコンゴ民主共和国のキンシャサでは、平均気温が 25.7℃、最寒月は 7 月で 23.5℃、最暖月が 10 月の 26.1℃、年間降水量は 1726 mm、最少月は 7 月の 4.5 mm、最多月は 12 月の 274 mm です。乾燥に強い樹木がバラバラに生え、丈の長いイネ科の植物からなる草原です。亜熱帯高気圧の位置が季節により変化し、冬に高気圧帯に入るので乾期に、夏は雨期になります。

肥沃な土壌でコーヒー、サトウキビ、綿花などが、さらにケニアでは紅茶も栽培されています。

　サバナ気候区は、アフリカでは熱帯雨林のコンゴ盆地を囲むように東側と南北10度ぐらいまでの幅で広がっています。俯瞰すれば中央アフリカの大西洋沿岸、中央の熱帯雨林の周辺地域、アフリカ東部のインド洋沿岸地域で、北半球側ではスーダン、カメルーン、ナイジェリア、ガーナ、ギニアなど、南半球側ではコンゴ民主共和国やタンザニア連合共和国、ザンビア、アンゴラなどの国々が含まれます。その外側に広がるのがステップ気候区です。

　ステップ気候区は丈の短い草原が広がり、年間を通じての降水量は少ないですが、雨期には少量の雨が降り、多くの地域では年間の降水量が250〜500mm、一部の地域では600〜750mmです。また最暖月の平均気温は10℃以上です。アフリカの北半球側ではサハラ砂漠の南縁地域の半乾燥地帯をサヘル地方とよび、スーダン、チャド、ニジェール、マリ各国の中央部とモーリタニア・イスラム共和国の南部を東西に横切る地域が属します。スーダンのハルツームでは年間の降水量が151mm、11月から4月までは降水量0mmで、平均気温は30.5℃、最暖月は5月の35.4℃、最寒月は1月の23.4℃です。南半球側ではカラハリ砂漠に接するナミビアやボツワナ、ジンバブエの一部がこのステップ気候区に属します。

　その外側に接するのが砂漠気候区です。砂漠気候では雨がほとんど降らず、最寒月の気温が10℃以上あり、一日の気温差が非常に大きいです。植物はほとんど生育せず、河川の周辺や湧水のある所では土壌の水分が豊富で、乾燥に強い植物が生育しています。エジプトのカイロでは平均気温は22.3℃、最暖月は7月の29.2℃、最寒月は1月の13.9℃です。年間の降水量は29.7mm、最多雨は12月で8.1mm、5月から8月まではまったく雨が降りません。

　サハラ砂漠（907万km²）とカラハリ砂漠（57万km²）を合わせると、アフリカ全土の30％になります。氷河期には降水量が少なく乾燥地域が広がり、間氷期にはそれが回復するということが繰り返されてきました。また砂が風で運ばれ砂漠化が進んでいるとも考えられています。

　アフリカ大陸北岸地中海に面した狭い地域と南端の南アフリカの海岸付近

には温暖で乾燥した地中海性気候の地域が分布しています。

3.2 動物王国 ——ビッグファイブ

　アフリカゾウは最大の陸棲動物で、体長は 6 〜 7.5 m、肩高 3 〜 3.9 m、最大体重は 10 トンにもなります（写真 3.2-1）。中央のサバナ気候地域の草地や森林に生息し、3 〜 10 頭ほどが群れをつくり点在しています。大陸南側の生息域はモザンビークからジンバブエ、ボツワナに広がります。20 世紀初頭には 300 〜 500 万頭が生息し、干ばつ、民族紛争、象牙目的の密猟などで個体数は激減しましたが、1980 年頃から微増の傾向で、現在は 50 〜 60 万頭と推定されています。

　ライオンは壁画などから 1 万 5000 年前にはヨーロッパの南部にも広域に分布し、5000 年前にはサハラ砂漠やアラビア砂漠を除き、南アジアからインドにまで分布していました（写真 3.2-2）。アフリカ以外で生きの残ったのが、インド北部の森にひっそりと生息している亜種のインドライオンで、1,400 km² の土地が 300 頭の聖地となっています。アフリカではサハラ砂漠以外にはサバナ、熱帯雨林、ステップ、さらに都市部に近い地域など

写真 3.2-1　**アフリカゾウ**

写真 3.2-2 **ライオン**

さまざまな環境に適応して広く分布しています。オスの体長は 170 ～ 250 cm、肩高 120 cm、体重 150 ～ 225 kg でメスは大きくてもその 8 割程度で体重はほとんどが雄の半分ぐらいです。アフリカ南部や東部の個体は大型で南アフリカ沿岸部山地の個体は小型です。害獣として駆除されたり、毛皮の需要や娯楽から狩猟の対象とされ減少傾向にあり、1975 年のワシントン条約では絶滅危惧種に指定されています。

サイはアフリカや東南アジアの草原や熱帯雨林の地域に分布しています。アフリカにはシロサイとクロサイが、サバナに生息しています。シロサイはサイの仲間では最大で体長

写真 3.2-3 **サイ**

写真 3.2-4 **バッファロー**

は 3.7 ～ 4 m、体重は 2,300 kg ほどです。クロサイも体長は 3 ～ 4 m、体重 1,800 kg です。ともに 2 本の角があります。大きな角はシロサイで 1.5 m、クロサイで 1 m 程度になります。サイの角は骨ではなく角質で、毛髪や爪に近い物質だそうです。サイは密猟の対象で、現在は保護の対象になっていますが、個体数は減少傾向にあります（写真 3.2-3）。

バッファロー（アフリカスイギュウ）はアフリカの中央部を中心に熱帯雨林、サバナの全域で群れをなして分布しています。体長は 2 ～ 3.4 m、肩高 1 ～ 1.7 m、体重 300 ～ 900 kg、全身の毛は黒色か褐色で雌雄とも大きく湾曲した角があります。性質は狂暴でアフリカで最も多くのハンターを殺したといわれています（写真 3.2-4）。天敵はライオンで全食餌量の 62% を占めると推定されています。

アフリカゾウ、ライオン、ヒョウ、サイ、バファローはハンターに対し危険な動物で、「ビッグファイブ」とよばれています。

大型動物でよく見られるのはキリン、シマウマ、カバで、ともにサバナを中心に生息している動物です。キリンはマリ、エリトリア、ギニア、セネガル、ナイジェリア、モーリタニアなどでは絶滅したと考えられています。体高はオスが 4.7 ～ 5.3 m、メスが 3.9 ～ 4.5 m。体重はそれぞれ 800 ～ 1,930 kg、550 ～ 1,180 kg です。天敵はライオンが主で、チーターやクロコダイルにも襲われます（写真 3.2-5）。

シマウマはアフリカの東部から南部のサバナ気候区に生息しています。体長 2 ～ 2.8 m、体重 200 ～ 450 kg、外敵はライオン、ヒョウ、チーター、ハイエナなどです。気性が荒く、アフリカに進出したヨーロッパ人が家畜化を試みましたが結局は成功しませんでした（写真 3.2-6）。

カバはアフリカ大陸のサハラ砂漠以南に分布していますが、アルジェリア、エジプト、エリトリア、モーリタニア、リベリアでは絶滅しました。体長は 3.5 ～ 4 m、体重はオスが 1,500 kg、メスが 1,300 kg で、ゾウ、サイに次ぐ 3 番目に大きな動物です。水中に棲み、食事は陸に上がり植物を食します。出産は水中で、一回の出産で一頭生まれます。天敵はライオンでコンゴではライオンの獲物の 20% がカバとの報告があります（写真 3.2-7）。

速力が早いことで知られるチーターは古くはサハラ砂漠中央部や熱帯雨林

帯を除くアフリカ大陸全土、パレスチナからアラビア半島、インドからタジキスタンにかけて分布していましたが、現在はアフリカ以外ではイラン中部を除いて絶滅しています。アフリカの生息地はアルジェリア、ニジェール、マリ、ブルキナファソ、ナイジェリア、ケニア、ウガンダ、タンザニア、ザンビア、アンゴラ、ジンバブエ、ボツワナ、モザンビーク、南アフリカの各地に分布しています。

　ゴリラはウガンダ、ルワンダ、コンゴ民主共和国東部に分布するマウンテンゴリラとアンゴラ北部、コンゴ共和国、ガボン、赤道ギアナ共和国、中央アフリカ、カメルーン南部、ナイジェリア東部に分布するローランドゴリラに大別され、それぞれ東西に分かれて生息しています。体長はオスが170 〜 180cm、メスが150 〜 160cm、体重はそれぞれ150 〜 180 kg、80 〜 100 kgです。植物を主とする雑食で果実や木の葉、アリなどの昆虫も食します。

　チンパンジーは動物学的には霊長目ヒト科に属し、人間とのDNAの違いは1 〜 4％ほどです。体長はオスが77 〜 92cm、メスが70 〜 83cm、体重はそれぞれ40 〜 60 kgと45 〜 68 kg程度です。チンパンジーは詳細な分類が進んでいるようですが、生息域からヒガシチンパンジー、チュウオウチンパンジー、ナイジェリアチンパンジー、ニシチンパンジーに分類され、それぞれ若干の違いがあります。

　知能の高い動物で簡単な道具を使い、多少の言語を習得できるなど研究されています。食事は雑食で果実を主としますが種、花、葉、樹皮、蜂蜜、昆虫、さらにイノシシやリスなど小型から中型の哺乳類をも食します。共食いも確認されています。人間に最も近いため、伝染病に感染し死亡することも少なくありません。ゴリラともども人間の乱開発により生息域が狭められているのです。

　いずれにしてもアフリカのほとんどの動物は絶滅危惧種で、その原因の多くは人間がつくり出しています。

　ガゼル、レイヨウ、インパラなどアフリカの草原ではウシ科の仲間を数多く見かけます。多くの草食動物を見ていると、アフリカで肉食動物が生き延びるのもうなずけます。

写真 3.2-5　キリン

写真 3.2-6　シマウマ

写真 3.2-7　**カバ**

写真 3.2-8　**ミナミアフリカダチョウの卵（左）と鶏卵（右）**

ダチョウは最大の鳥類であり、かつ飛べない鳥です。中東にも分布していましたが絶滅しました。現在アフリカのダチョウはキタアフリカダチョウ、ミナミアフリカダチョウ、マサイダチョウに分類されています。オスの体重は 120 kg、身長は 2.1 ～ 2.5 m、メスはそれぞれ 100 kg、1.7 ～ 2.0 m 程度です。

　ダチョウの卵は現在確認されている最大の単細胞で鶏卵の 25 倍、重さは 1.5 kg 程度です（図 3.2-8）。肉は高タンパク、低脂肪で牛肉の代替品として、南アフリカをはじめ多くの国で飼育されるようになり、皮はオーストリッチとして高級ハンドバッグやベルトとして人気があります。

　同じ飛べない鳥であるペンギンはアフリカにも生息しています。ケープペンギンあるいはアフリカペンギンとよばれます。アフリカ大陸南端の寒流が流れるナミビア南部から南アフリカ沿岸部を繁殖地とし、体長は 70 cm 程度、胸に白いラインが 1 本あり、顔の白い部分が広いです。海岸に穴を掘ったり小枝を集めたりして巣をつくり営巣します。産卵は一年中しますが、2 ～ 5 月、11 ～ 12 月がピークです。南極のペンギンの産卵は 11 ～ 12 月だけですので、この点が大きく異なります。抱卵期間は 38 ～ 41 日、雛は 70 ～ 100 日で巣立ちます。巣立ちまで雌雄で採餌など面倒を見るのは南極のペンギンと同じです。

3.3　グレートリフトバレー　──人類発祥の地

　アフリカ大陸を南北に縦断する幅 30 ～ 100 km、長さ 7,000 km の大地溝帯がグレートリフトバレーで、エチオピア高原を南北に貫く峡谷はその一部です。アディスアベバの東側に南北に並ぶ湖水を通り、ケニアのトルカナ湖、タンザニアのンゴロンゴロ保全地区を通り、ヴィクトリア湖の東側、マラウイ湖からモザンビークのマプト湾に至ります。

　ヴィクトリア湖の西側、コンゴ民主共和国とウガンダ、ルワンダ、ブルンジ、タンザニアの国境に沿ってアルバート湖、エドワード湖、キブ湖、タンガニーカ湖が並び、ザンビアからザンベジ川に沿ってモザンビークに入ります。ヴィクトリア湖からのこの西側の地溝帯を西リフトバレー、東側を東リ

フトバレーとよびます。

　エチオピア高原から北へ向かった割れ目はアワシ川からアファル窪地を通り紅海に入ります。シナイ半島の先端で二つに分かれ、西側はスエズ地峡へ、東側はアカバ湾からヨルダン渓谷に入り地球上の最深の窪地である死海に至ります。グレートリフトバレーは北の死海から南のマブト湾まで、アフリカプレートの東部を縦断しているのです。マントル対流によりアフリカプレート内に形成されつつある大きな亀裂です。

　東リフトバレーとよべるケニア、タンザニア付近では火山活動があり、アフリカ最高峰のキリマンジャロ（5,895 m）をはじめ活火山が点在しています。ヴィクトリア湖の東側には広大なサバナの草原のセレンゲティ国立公園が広がっていて、動物のサンクチュアリとなっています。1万4,763 km² 広い面積の中に約300万頭いる哺乳類のうちヌーが150万頭を占め、雨期と乾期の間に行う大移動は最大の見ものです。世界自然遺産に登録されているこのセレンゲティ国立公園に隣接するのがンゴロンゴロ保全地区です。

　「ンゴロンゴロ」はマサイ語で「大きな穴」を意味します。ンゴロンゴロ地域にはほかにオルモティ、エンパカーイの3つの火口が並び、これら活動を停止した火山を含め9火山が並んでいます。

　タンザニアのンゴロンゴロ保全地区の環境は250万年前頃の火山活動で出現した巨大なクレーター内に大陥没が起こり、南北16 km、東西19 km の広さのカルデラが形成されました。カルデラ内の標高1,800 m の火口原の面積は264 km² に及び、火口縁は火口原より600 m も高い2,400 m の高さになります。火口原には草原が広がり、アフリカゾウ、クロサイ、ヒョウ、バッファロー、シマウマ、イボイノシシ、グランドガゼル、ヌー、トムソンガゼルなどが多数生息しています（写真 3.3-1）。動物の多くが急峻な火口壁を超えることなく火口原内にとどまり繁栄を続けています。ライオンの個体数が最も集中している地域で、マガディ湖にはピンクフラミンゴが大群をなしています。

　ンゴロンゴロクレーター内には18世紀頃からマサイ族が居住を始め、牧畜を行っていました。2000年代に入ってのマサイ族の人口は4万2,000人でした。セレンゲティ国立公園の一部だったンゴロンゴロクレーターはマ

写真 3.3-1　**ガゼル（左）とイボイノシシ（右）**

サイ族の権利を保護するため国立公園から外し、よりゆるい規制で環境を保護するため 8,288 km² の面積を保全地区（Conservation Area）にしました。1979 年には世界自然遺産に登録されて、2010 年に世界複合遺産に拡大されました。

　タンザニアの北部、ンゴロンゴロクレーターの北西 20 km にあるオルドバイ渓谷は人類発祥の地として説明できる化石が発見されている場所であることはすでに述べました。渓谷の幅は数百 m、長さ 40 km 以上にわたり 100 m の切り立った崖が続きます。崖からは多くの火山灰層が重なった地層であることが読み取れ、その地層から多くの猿人の化石が発見されました。その中の一つが 180 万年前の猿人と原人をつなぐ化石で、人類はこの付近で発生し、地球上に広がったと考えられるようになったのです。このアフリカからアジアを通り南アメリカ南端までの人類の 5 万キロの旅は「グレートジャニー」とよばれています。

　なおグレートリフトバレーの末端から南西におよそ 1,000 km 離れた南アフリカ・ヨハネスブルク北部には 700 万年前以上古い人類の化石や生存

の証拠が残されています。この南アフリカの人類化石遺産群は「スタルクフォンテイン、スワルトクランス、クロムドライおよび周辺の人類化石遺跡群」として、1999年に世界文化遺産に登録されました。

3.4 赤道直下で火山に氷河

　各大陸の最高峰があるヨーロッパのアルプス、ヒマラヤ山脈、ロッキー山脈、アンデス山脈などは、すべてプレート運動による隆起運動で形成されました。地質学的には造山運動とよびますが、大陸を乗せたプレート同士の衝突によって地殻が隆起した結果です。ところがアフリカ大陸の最高峰のキリマンジャロ（5,895 m）、第2位のケニア山（5,199 m）はともに火山で、アフリカ大陸の場合は高山に火山が続きます。

写真 3.4-1　**キリマンジャロ**. 山頂に氷河が存在

キリマンジャロはタンザニアの北、ケニアとの国境付近の赤道直下南緯3度の東リフトバレーに位置し、独立峰としては世界一の高さです（写真3.4-1）。東西50 km、南北30 kmの山体の大きな成層火山で、西からシラ（Shira、3,962 m）、キボ（Kibo、5,895 m）、マウエンジ（Mawenzi、5,149 m）のピーク（峰）が並びます。中央のキボ山頂付近には直径2.5 kmの山頂カルデラ内に直径900 mの噴火口があり、さらにその中に直径200 mの内側火口があります。

　ンゴロンゴロクレーターと同じ250万年前頃からシラ峰の活動が始まり、100万年前には活動の中心はキボ峰、さらにマウエンジ峰の現在の山頂付近での活動に移りました。15万〜20万年前には活動は終わり、現在の山頂が形成されました。

　山麓の標高1,000〜1,900 m地域では降水量が1,000 mm程度はあり、サバナ気候でコーヒーの栽培や農業が行われています。2,500 mまで降水量も多く熱帯雨林で3,000 m付近が森林限界で、その上は草地や低木もまばらになり、4,400 m付近が植生の限界でその上が砂礫や岩石地帯、5,500 m以上は雪氷地帯で氷河が存在し雪氷圏が形成されています。

　山頂付近には21世紀の現在でも年間を通じて氷河が存在し、降雪もあります。まさに赤道直下に位置しながら年間を通して頂上には氷冠が存在しているのです。発見者の名から「レブマン氷河」と命名されている氷河は南東に延び、そのほか氷冠から延びる氷脈には氷河として多くの名前が付けられていました。しかし、現在は氷河の衰退が報告されており、過去100年間でキリマンジャロ山頂付近の気温は0.5℃しか上昇しておらず、降雪量の減少が原因とも言われています。氷河の減少・縮小の原因は必ずしも地球温暖化に直結しないとの報告もあり、赤道直下の氷河の消長の原因については明確な結論は出ていないようです。

　キリマンジャロは各大陸の最高峰登頂を目指す登山家や5,000 mを超える高山に登りたい人にとっては、比較的登りやすい山として人気があります。20世紀の間はガイド、コック、ポーターを雇い個人でも4〜5人のパーティになる大名登山が一般的でしたが、現在はツアーによる団体登山が主流で4〜5泊の日程で目的を達成できる山です。

　アフリカ大陸で最も火山活動の激しい山はコンゴ民主共和国のニーラゴンゴ火山（3,470 m）、ニアムラギラ火山（3,058 m）です。西リフトバレーのエドワード湖、キブ湖の間にあるヴィルンガ山地の山で、山地最高峰のカリシンビ山（4,507 m）の西に位置し、北側のニアムラギラ山、南側にニーラゴンゴ山が対峙しています。付近一帯はマウンテンゴリラで知られるヴィルンガ国立公園に含まれます。

　ニーラゴンゴの特徴は山頂火口内に溶岩湖が長い期間存在することです。同じように溶岩湖が長期間存在する山としてアイスランド、ハワイ、南極のエレバスが知られ、それぞれの火山は地球の中心から大円上にほぼ90度の角度で並んでおり、地球内部のプルームテクトニクスの課題として注目されています。

　ニーラゴンゴの最近の活動では1977年1月10日、2022年1月17日、2022年5月22日にそれぞれ噴火が発生し、溶岩流が山麓の集落やゴマ国際空港に達し大災害となっています。

　ニアムラギラはニーラゴンゴの北西13 kmに位置し、アフリカで最も頻繁に噴火を繰り返している火山で、1885年から40回以上噴火が繰り返されています。山頂火口ばかりでなく山体側面や山麓からの噴火も頻繁に発生しています。2010年の噴火で溶岩流の噴出が始まり、生息しているチンパンジーへの影響が心配されました。2011年11月5日の噴火は過去100年間で最大とされ、2014年、75年ぶりに溶岩湖が出現しましたが2018年には硬化しました。2021年6月、山頂カルデラ内で噴火が発生、6月11日の衛星写真では溶岩湖が確認されています。

　カメルーン山（北緯4度12分、東経9度10分、4,095 m）はカメルーンの南西端に位置し、ギニア湾に面した孤峰で、中西部アフリカの最高峰です。カメルーンは火山が多い国ですが、その一つニオス湖（北緯6度15分、東経10度30分、3,011 m）では1986年8月21日、二つの谷に沿う集落の住人1,746人と家畜3,500頭が、二酸化炭素中毒で窒息死しています。火山災害史上最大と言える火山ガスによる災害です。

3.5 ナイル川

ナイル川はアフリカ大陸の北東部を全体として北へ流れ地中海へと注ぐ世界最長河川で長さ 6,695 km、流域の面積 334.9 万 km² を有します。一般にはヴィクトリア湖を源流とし、長さ 5,760 km の大河とされます。ヴィクトリア湖から流出する河川はナイル川ただ一つですので、そこに流入する数多くの河川の中で最長の河川はルワンダに源を発し、ブルンジとタンザニアの国境を形成し、ウガンダからヴィクトリア湖へと流入しているゲラ川です。そしてゲラ川に流入する最長の支流であるブルンジに源を発するルヴィロンザ川がその始まりです。ルヴィロンザ川の源流から地中海までの長さがナイル川の長さで世界最長なのですが、その水源探しは現在も行われており、これからもその長さが変わることがあるかもしれません。

標高 1,134 m のヴィクトリア湖の下流はヴィクトリアナイルとよばれ、500 km 下流でキオガ湖から落差 120 m のマーチン・フォールズで標高 619 m のアルバート湖に流れ込みます。アルバート湖から下流はアルバートナイルとよばれます。南スーダンに流れ込み、首都のジュバから下流は勾配が緩やかになり支流が合流する大湿原が存在しますが、この付近が白ナイルです。

ハルツームでエチオピアのタナ湖から流れ出た青ナイル川と合流し、ここからが狭義のナイル川になります。約 300 km を流れると支流のアトラバ川と合流し、下流域は砂漠地帯に入ります。砂漠地帯では雨期を除き流れ込む支流はありません。エジプトによるアスワン・ハイ・ダムの建設で出現した長さ 550 km のナセル湖があります。アスワン以北はいわゆるエジプトで、ルクソール神殿をはじめ、世界文化遺産に登録されている多くの遺跡が並びます（写真 3.5-1）。カイロから下流はナイルデルタが形成され、地中海に面しては西のアレクサンドリアから東のポートルイスの幅 240 km の間に多くの分流を形成して地中海に流入しています。

コンゴ川はアフリカ大陸中央のコンゴ盆地を北から東、さらに南へと流路を変え、大西洋に注ぐ全長 4,669 km のアフリカ大陸で 2 番目に長い河川です。その流域の面積は 370 万 km² で、ナイル川より広く、アマゾン川に

写真 3.5-1　ナイル川に沿う古代都市の一つルクソールにある神殿

次いで世界で 2 番目の広さです。源流はコンゴ民主共和国とザンビアとの国境のザンビア側にあり、北上し中部の河川交通の荷物の集積地キサンガニ付近から流れを西に変え、コンゴ民主共和国との国境を流れ、大西洋に注いでいます。

　ニジェル（ニジェール）川は西アフリカを流れギニア湾に注ぐ全長 4,184 km、流域面積 189 万 km² を有するアフリカで 3 番目の長さを誇るの河川です。特に半乾燥地帯のサヘル地域を流れるので、流域地域では重要な水源になっています。源は大西洋に面しているギニアの中部に広がるフータ・シャロン高地のシエラレオネとの国境付近です。ギニア湾沿岸と北アフリカを結ぶサハラ交易の重要なルートです。

　ザンベジ川はアフリカ南部を流れ、インド洋のモザンビーク海峡に注ぐ全長 2,736 km、流域面積 133 万 km² のアフリカで 4 番目に長い河川です。ザンビアの北西端付近を水源として、ジンバブエとザンビアの国境を形成し、ヴィクトリア滝を経てモザンビークに入りモザンビーク海峡に流れ込んでいます。

　アフリカの多くの河川は 19 世紀になされた数々の探検によって明らかに

なり、その最長の支流の確定により、それぞれの河川の長さが決められています。しかし、最長の支流の決定は今後も変わってくる可能性があります。アフリカはまだ多くの謎が残された部分のある大陸なのです。

3.6 ヴィクトリア滝とヴィクトリア湖

　ヴィクトリア滝はアフリカ大陸南東部、ザンベジ川の中流域、ザンビアとジンバブエの国境をなす幅2 km、落差108 mの滝で、世界三大瀑布の一つとされ、世界自然遺産にも登録されています。地元（ザンビア）の人たちは「モージ・オワ・トゥーニャ」（雷鳴のする水煙）とよび、世界自然遺産への登録名称も、ジンバブエの人々のよび方である「ヴィクトリアフォールズ」とともに併記されています（写真3.6-1）。ヨーロッパ人では宣教師で探検家のイギリスのディヴィッド・リヴィングストン（写真3.6-2）が1855年に見たのが最初とされ、イギリス人たちがヴィクトリア女王の名を冠して「ヴィクトリアフォールズ（滝）」とよび始めたと言われています。

　この付近では11月末から4月までが雨期、そのほかが乾期です。水量は4月を最大として2月から5月がピークです。この時期は水煙の高さが800〜1,000 mに達することがあり、5 kmも離れた場所からも見ることができると言われています。また乾期には滝壺に降りられるほど水量は少なくなります。雨期でも滝口に並ぶ二つの島は存在し、流れ落ちる滝は幅1,700 mの滝口で3本に分かれますが、乾期には10数本の細い落下になります。

　現在の滝の流れは北から南へ落下し、深さ100 mを超える大峡谷をつくっています。その流れは幅110 m、長さ150 mの短い峡谷を通り、第2の峡谷へと流れ込みます。第2峡谷は長さが2,150 m、滝からの直線距離は250 mです。ジンバブエとザンビアを結ぶヴィクトリアフォールズ橋はここに架設されています。ここから流れはジグザクとなり、さらにボトカ峡谷とよばれる五つの峡谷を越えてカリバ湖へと流れています。ザンベジ川が流れているのは玄武岩質の大地ですが、過去10万年以上かけて滝が大地を浸食して峡谷を創出してきました（写真3.6-3）。ボトカ峡谷は過去のヴィク

トリア滝の痕跡なのです。

　ジンバブエ、ザンビアとも滝の周辺は自然公園として保護され、入園料を払って公園に入らなければ滝には近づけません。ジンバブエのヴィクトリアフォールズ市とザンビアのリヴィングストン市とは、ヴィクトリアフォールズ橋を渡り、橋の上に設置されているそれぞれの国の管理事務所で、一応入国審査を受けて往復することができます。どちらの滝見物の公園内にもリヴィングストンの銅像が建てられています。

　リヴィングストンは 1852 〜 56 年まで、ザンベジ川の源流から河口までを探検しましたが、その途中の 1855 年 11 月 16 日にヴィクトリア滝を発見しています。1905 年、ヴィクトリアフォールズ橋が完成し、鉄道がケープタウンまで敷設され、ヨーロッパ人が滝の観光に訪れるようになってきたのです。ザンベジ川周辺は散歩にも適しており、ゾウやカバの鳴き声も聞くことができます。リバークルーズも楽しめます。

　ヴィクトリア湖はアフリカ中央、東よりの赤道直下にケニア、タンザニア、ウガンダに面した淡水湖としては世界第 2 位の広さ 6 万 8,800 km² を有しナイル川の源流といわれる湖です。グレートリフトバレーに位置し、両側が 1000 万年前から隆起が始まり凹地が出現したと推定されています。湖水になったのは 100 万年前ぐらいと考えられていましたが、近年は 40 万年前が有力視されています。湖底の掘削資料解析から、過去に 3 回ほど干上がった時期があったことが明らかになりました。ヴィクトリア湖は 100 万年以上の寿命のある湖水である古代湖の一つとされてきましたが、干上がった事実により古代湖である、古代湖でないの議論が続いています。

　現在は南北最大 337 km、東西 250 km、集水域は 18.4 万 km²、最大水深は 80 m、平均水深は 40 m で、その総水量 2,750 km³ と決して多くはありません。それはグレートリフトバレー内の同じテクトニクスの湖水でもアルバート湖やタンガニーカ湖のような裂け目にできた湖水ではないので水深も浅いのです。湖の表面の割合はケニア 6％、ウガンダ 45％、タンザニア 49％です。周囲の隆起による湖水なので、湖面には 3,000 もの島が点在し、湖水出現前の地形の凹凸がそのまま残っているのです。

　ヨーロッパ人で初めてこの地を訪れたのはイギリスのジョン・ハニング・

スピークで、ナイル川の源流を探す探検をしていました。1858年8月3日、現地の言葉で「ニアンザ湖」または「ウケレウェ湖」とよばれていた湖水にたどり着きました。彼はその湖水をナイルの源流と信じ、女王の名を冠し「ヴィクトリア湖」としました。ナイル川の源流に関してはさまざまな議論が出ましたが、アメリカの探検家ヘンリー・モートン・スタンリーは1875年、船で湖を一周してヴィクトリア湖がナイル川の源流と結論を出したのです。

写真 3.6-1　**ヴィクトリア滝**

写真 3.6-2　**ヴィクトリアフォール市のディヴィッド・リヴィングストン像**

写真 3.6-3　**ザンベジ川.** 下部分はヴィクトリア滝

3.7　マダガスカル島

　マダガスカル島はインド洋の西、アフリカ大陸南東のモザンビーク海峡を
挟んで 400 km の沖合に位置し、世界で 4 番目の広さを有する島です。全
島がマダガスカル共和国、通称マダガスカルに属しています。超大陸ゴンド
ワナに属しインド亜大陸先端付近やスリランカとともに、現在の南極・昭和
基地付近に位置していました。白亜紀（1 万 4500 ～ 6600 万年前）にイン
ド亜大陸、南極、オーストラリアなどとともにアフリカから別れ、さらに南
極・オーストラリアのブロックと、そしてインド亜大陸とも離れ現在の島に
なりました。早い時期にアフリカと別れたので現在 400 km しか離れてい
ないですが、動植物の多くが独特の進化を遂げて 90％の固有種が存在しま
す。この植物相の違いがゴンドワナ分裂の大きな証拠とされたのです。

　南緯 12 度から南回帰線を越えて 26 度、東経 43 ～ 51 度に位置し、南北
の長さがおよそ 1,600 km、東西が 570 km、面積は 59 万 km² です。島
全体の基盤岩はゴンドワナの先カンブリア時代の花崗岩で、島内のあちこち
に石灰岩の地層があり、特異な地形が創出されています。島は南北に走る
標高 2,000 m 級の山が並ぶ中央高原と、東西の沿岸地域の平野に大別され、
最高峰は北部に位置するマロモコトロ（2,876 m）です。

　マダガスカルは南北に長い国ですが、その気候は東西方向の変化のほうが
大きいです。気温が高く雨量の多い雨期は 11 月から 4 月、比較的低温で乾
燥している乾期が 5 月から 10 月です。島の東側は雨量が多く、中央高地は
東側の沿岸部より少なく、西側の沿岸地域はさらに乾燥した気候になってい
ます。

　マダガスカル内には多くの国立公園が存在し、そのほとんどは動植物の保
護を目的にしていますが、地形の保護も含まれます。中央西部のツィンギー・
ド・ベマハラ国立公園は面積 1,520 km² の広さの最大規模の国立公園で、
「ツィンギー」とよばれる針の山を想像させる無数の切り立った尖塔の景観
が存在しています（写真 3.7-1）。ツィンギーは「動物の住めない土地」を
意味し、カルスト台地に形成された針の山は人も動物も立ち入ることが大変
な地域です。多くの鍾乳洞もあり、1990 年に世界自然遺産に登録されまし

た。

　マダガスカルには1万4,883種の植物が存在しますが、その80%以上が固有種です。独特の形で乾燥地域に分布するバオバブは世界にある9種のうち、6種がマダガスカルの固有種です（写真3.7-2）。ヤシは170種あり、その数はアフリカ大陸の3倍で、そのうち165種が固有種です。

　マダガスカルの動物相も植物相と同じように多種多様で、固有種の割合が多いです。キツネザルやメガネザルのように木の上で生活する原猿類は現地では「レミュール」と総称され、マダガスカルを代表する哺乳類です（写真3.7-3）[1]。マダガスカルにはほかの大陸と異なり、ほかの種のサルがいないため、この原猿類は環境に適応して進化し、2012年には103種が認められています。

　爬虫類や昆虫類もまた同様で[2]、世界のカメレオンのうち3分の2がマダガスカルに生息し、世界最小の爬虫類とされるミクロヒメカメレオンもマダガスカルの固有種です[3]。

　バオバブ、ワオキツネザルに代表されるレミュール、カメレオンなどはツィンギーとともにマダガスカル観光の目玉です。人類がおよそ2350年前にマダガスカルに到来して以来、島の環境破壊が進み、現在では当時の90%の森林が破壊されたと推定されています。

　鉱物資源も豊富ですが十分な開発はなされていないようです。コーヒーやカカオも有名な産物です。

※1.　日本ではキツネザルとよばれていますが、サルの仲間でワオキツネザル、インドリ、アイアイ、ハイイロネズミキツネザル、シロクロエリマキキツネザル、クロキツネザルなどがその仲間です。

※2.　現存している爬虫類は300種ほどですが、そのうち9%が固有種です。

※3.　カメレオンは体の色が変化する、目が左右に別々に動く、舌がよく伸びるという特色があります。しかし、体色が変化しない種もあります。大型のパンサーカメレオンがその一種で体長はオスが20〜34cm、メスが14〜17.5cmで湿潤な地域を好みます。

写真 3.7-1　ツィンギー

写真 3.7-2
バオバブの木

写真 3.7-3
ワオキツネザル

第**4**章

南北アメリカ大陸

コロラド川が創出した造形美「ホース・シュー・ベント」

4.1　太平洋岸を貫く大山脈

　南北アメリカ大陸（図 4.1-1）の太平洋岸には大山脈が並んでいます。ロッキー山脈は北緯 60 度付近のカナダ・ブリティッシュコロンビア州を流れるリアード川、南は北緯 35 度付近、ニューメキシコ州のサンタ・フェ付近を流れるリオグランデ川までの総延長 4,800 km の大山脈です。全体が一つの大山脈ではなくカナダではセルカーク山脈、アメリカに入るとビタールート山脈、コロラド高原など多くの山並みが連なった山地の総称です。

　ロッキー山脈の最高峰はアメリカのコロラド州デンバー近くのエルバート（4,401 m）です。北へ行くほど氷河地形が発達しており、現在でも氷河に覆われ、削られた山稜は険しい岩峰が続き、山麓には針葉樹林帯とエメラルド色の水をたたえた湖水が点在します。付近一帯はカナディアンロッキー山脈自然公園群として世界自然遺産に登録されています。

　アメリカではウォータートン・グレーシャー国際平和自然公園、世界初の国立公園イエローストーンもともに世界自然遺産に登録されています。コロラド高原付近では、コロラド川が創出したグランドキャニオン国立公園が世界自然遺産、チャコ文化国立歴史公園が先住民の文化が残る地域として世界文化遺産に登録されています（写真 4.1-1）。

　ロッキー山脈の地質は 6 億年以上前の先カンブリア時代から 6600 万年前の時代までの地層が存在し、環太平洋造山帯に属しています。ロッキー山脈の北側ではカナダのマッケンジー山脈、アメリカ・アラスカ州の境界に南北に延びるセントエリアス山地付近はアラスカ・カナダ国境地帯の山岳公園群として世界自然遺産に登録されています。さらにアラスカ州北部にはブルックス山脈、南部にはアラスカ山脈が東西に延びています。北アメリカ大陸の最高峰のデナリ（6,190 m）はアラスカ山脈の中に位置し、セントエリアス山地にはカナダ最高峰のローガン（5,959 m）、アメリカとカナダ国境で第 4 位のセントエリアス（5,489 m）が並びます。セントエリアス山は海岸から 10 数 km の距離で標高 6,000 m に達するヒマラヤ山脈に匹敵するような急峻な山塊になっています。

　アメリカのロッキー山脈の西側には 1980 年に山体崩壊を伴う大噴火が発

生したセントヘレンズ火山（2,549 m）が位置するカスケード山脈、1914
〜 15 年に大噴火の記録が残るラッセンピーク（3,187 m）や世界自然遺産
に登録されているヨセミテ国立公園のあるシエラネヴァダ山脈が並び、その
間は盆地状の地形になっています（写真 4.1-2）。そこにはソルトレーク砂漠、
ラスベガスの近くにはモハーヴェ砂漠が位置しています。

　ロッキー山脈の南、メキシコに入ると東シエラ・マドレ山脈、西シエラ・
マドレ山脈が南北に並び、その間にはアナワク高原（メキシコ高原）が広がっ
ています。東シエラ・マドレ山脈の南東端には北アメリカ大陸第 3 位、メ
キシコ最高峰のオリサバ（5,610 m）が位置しています。太平洋沿岸背後に
東西に並ぶ南シエラ・マドレ山脈が位置し、その北側はメキシコ高原の南端
で、多くの世界文化遺産が点在しています。

図 4.1-1　南北アメリカ大陸概念図

写真 4.1-1　先住民の住居跡（チャコ文化国立歴史公園）

写真 4.1-2　氷河地形のヨセミテ国立公園

　メキシコから中央アメリカには火山が並びます。南アメリカ大陸では北緯10度から南緯50度、南北7,500 km、幅750 kmのアンデス山脈が太平洋の海岸線に接して延びています。ベネズエラ、コロンビア、エクアドル、ペルー、ボリビア、アルゼンチン、チリの7カ国が並び、アルゼンチン北部、チリとの国境近くのアコンカグア（6,961 m）が最高峰で、6,000 mを超える山が20座以上も並んでいます。

　アンデス山脈は北部がココスプレート、中央から南部はナスカプレートが西側から南アメリカプレートの下に沈み込む過程で隆起した地域です。火山さらに海岸沖合にはペルー海溝、チリ海溝が並んでいるため巨大地震どころか超巨大地震も発生しています。アンデス山脈は北、中央、南でそれぞれ異

写真 4.1-3　**キトの赤道博物館の赤道の標識**

なる姿をしています。

　アンデス山脈の始まりはベネズエラの北部、カリブ海沿いに東西に広がるベネズエラ高地で、首都カラカスもその中にある高原都市です。高原から南西に延びるメリダ山脈にはベネズエラの最高峰ボリバル（5,007 m）が位置しています。山脈の北西側には油田のある地域のマラカイボ湖を挟み、コロンビアのクリストバル・コロン（5,775 m）があります。そこからヘリパリ山脈が南へ延び、メリダ山脈と一緒になりオリエンタル山脈になります。この山脈内に位置するクンディナマルカ高原（海抜約 2,600 m）にあるコロンビアの首都ボコダは高原都市です。太平洋沿岸の海岸側のオクシデンタル山脈、その東側のセントラル山脈とオリエンタル山脈が一つになり、エクアドルへと続きます。

　エクアドルではアンデス山脈の西側に沿うように標高約 2,800 m のキト盆地があります。そこには首都キトが位置し、赤道が横切っています（写真 4.1-3）。エクアドルからペルーの国境付近でアンデス山脈の高度がやや低くなります。ここまでを北アンデスと称します。

　中央アンデスのペルーは、エクアドルに比べて海岸沿いの平野はほとんどないくらいに狭く、最高峰のワスカラン（6,768 m）が位置する西部山脈、アマゾン川に面する東部山脈、その中間に位置する中央山脈が南北に走ります。

　南緯 15 度付近で南北にペルーとボリビアの国境線となり、その南端がチリとペルーの国境になります。この付近からボリビア一帯は標高 3,500 〜 4,000 m の高原で「アルティプラーノ」とよばれています。南北に走る国境線を横切るようにチチカカ湖が位置しています。湖面の標高 3,812 m、面積 8,372 km² で南アメリカ大陸ではマラカイボ湖（1 万 3,010 km²）に次ぐ広さを有しています。ボリビアの首都ラパスも 4,000 m に位置し、世界一標高の高い首都となっています。この付近でアンデス山脈の幅は最大になり 700 km を超えます。

　アルティプラーノには 2 つの塩湖があります。ラパスの南東 250 km にあるポーポ湖は長さ 90 km、幅 32 km ほどですが年間を通じての水域は 1,000 km² 程度です。チチカカ湖からの水が流入しますが、流出口はなく

塩湖です。近くには南北 100 km、幅 250 km、広さ 1 万 582 km² の広大な白一色の塩原が広がっています。通称はウユニ塩湖とよばれることが多いですが、学術的には「ウユニ塩原」です（詳細は 4.10 節で解説）。両者とも標高は 3,700 m です。

南回帰線を超えた南緯 25 度付近のジュジャイジャコ（6,723 m）から南が南アンデスで、地形は急峻となり、主脈の稜線がチリとアルゼンチンの国境を形成しています。南緯 32 度付近に最高峰のアコンカグア（6,961 m）があり、南緯 35 度付近までは 3,000 m 級の山並みが続いています。その西側の盆地にチリの首都サンチアゴがあります。そこからは標高は下がり、パタゴニアでは 2,000 m の山並みとなり、寒冷な気候で氷河地帯になります。

4.2　北アメリカ大陸

北アメリカ大陸の地形は西部のロッキー山脈地帯から中央の草原地帯、さらに東部になだらかな山脈が並びます。北部カナダのマッケンジー川のデルタ地帯からアメリカのテキサス州までロッキー山脈東麓からの河川による堆積層が標高 600 〜 1,800 m の台地状に広がる大草原で、「グレートプレーンズ」とよばれています。北部では春小麦と牛、中部では夏小麦と牛、南部は牛と羊などが主要な農牧産品です。石油、石炭、天然ガスの埋蔵量も多いです。

アメリカではその東側に中央平原のプレーリーが広がります。プレーリーはハドソン湾南部の五大湖付近からメキシコ湾に至る南北 2,000 km、東西 1,000 km に広がる大草原地帯です。ミシシッピは川の流域で白人入植前は野生動物の宝庫でした。高温で雨が多い気候と肥沃な土壌で、入植者たちによって小麦、トウモロコシ、綿花などを生産する大農業地帯へと発展しました。ケンタッキー州には現在も成長を続けている総延長 540 km の世界最大の鍾乳洞を含む「マンモス・ケーブ国立公園」があり、世界自然遺産に登録されています。

北アメリカ大陸の北東地域、ロッキー山脈から東側の北緯 40 度以北の地

写真 4.2-1　カナダのオンタリオ州（手前）と
アメリカ合衆国のニューヨーク州とを分けるナイアガラの滝

域は 1 万数千年前までの最後の氷期にも「ローレンタイド氷床」に覆われ、
その広さは 1 億 3,000 万 km²、厚さ 2,500 m 程度と推測されアラスカや
グリーンランドにまで広がっていました。カナダ北部の平原に点在する湖水
群や、カナダとアメリカの国境を形成する五大湖などは氷河に削られて生じ
た窪地に水が溜まり出現した氷河湖なのです。

　五大湖の一つエリー湖からオンタリオ湖へ流れるナイアガラ川にナイアガ
ラの滝があり、アメリカとカナダの国境を形成しています（写真 4.2-1）。

　カナダの東部では 40 億～ 2 億 5000 万年前の時代の地球上で最も古く、
安定した陸塊がハドソン湾の東側に広がり「カナダ楯状地」とよばれていま
す。その中心をなすのが東側のローレンシア台地と大西洋に面したラブラド
ル高原で、標高 1,000 m を超える部分は少なく 1,500 m を超えるのはほん
のわずかな地域です。

　アメリカの大草原を南北に流れるミシシッピ川へは五大湖以南で多くの河
川が合流します。最長の支流になるミズーリ川の源流はモンタナ州のロッ
キー山脈の東側、世界自然遺産に登録されているウォータートン・グレー
シャー国際平和自然公園付近になります。源流から間もなく南側からイエ
ローストーン川が合流したミズーリ川は、セントルイス付近でミシシッピ川
に合流してメキシコ湾に流入しています。水系の治水などでその長さは変化

しますが、現在の長さは 5,969 km、流域面積 325 万 km² で世界第 4 位です。

南側に流れる大河はミシシッピ川水系のほかに同じメキシコ湾に流れ込むリオグランデ川（全長 3,057 km）とメキシコから太平洋側のカリフォルニア湾に流れ込むコロラド川（全長 2,333 km）があります。ともにロッキー山脈南部を水源としています。

カナダのマッケンジー川はロッキー山脈の北東部に源を発し、北に流れ、グレートスレーヴ湖を通り、デルタ地帯を形成しながら北極海に面するボーフォート湾に流入しています。全長 4,241 km で北アメリカ大陸では 2 番目の長さですが、狭義ではグレートスレーヴ湖から河口までがマッケンジー川としています。

東側へ流れるのは五大湖と大西洋とを結ぶセントローレンス川です。五大湖を水源に本流はオンタリオ湖からローレンス川（流出口からの長さは 1,197 km）となる北東に流れる全長 3,058 km の河川ですが、水源となる五大湖を含めると世界第 2 位の水量を有する大河川です。

西に流れ出ているアラスカのユーコン川の「ユーコン」は「白い水の川」を意味し、氷河が岩盤を削って生じた削り屑（粉）が含まれ、川の水が白く濁っていることからの命名です。源流はロッキー山脈北部の氷河湖で、カナダのユーコン準州からアメリカのアラスカ州に入りベーリング海に流れ出ている全長 3,185 km の川です。

南の北太平洋に流れている西向きの流れがコロンビア川で、カナダのブリティッシュコロンビアのカナディアンロッキーから南に流れ、アメリカのワシントン州に入り、オレゴン州との境界を 480 km 流れ、北太平洋に流れ出ている、全長 2,000 km の河川です。

カナダ南東部からアメリカ合衆国の東部を北東から南西に延びる長さ 2,400 km、幅 160 〜 480 km の丘陵や山脈を総称してアパラチア山脈とよびます。その形成は 4 億 8000 万年前頃からで、現在は侵食が進んだ（凹凸が少なく丸みを帯びた）古い山並みが続きます。最高峰はノースカロライナ州のミッシェル（2,037 m）ですが、ほとんどは 1,000 m 前後の高さです。この山脈の西部では石油や石炭の地下資源が豊富です。また東側に沿った平野にはニューヨークやワシントン DC などの大都市が並びます。

4.3 オーロラ楕円帯の直下

　南極や北極を「極地」と総称しますが、極地特有の現象であるオーロラ（写真4.3-1）はどこでも見られるわけではありません。オーロラ楕円帯とよばれる地域での出現頻度が高いことが知られています（図4.3-1）。地球の磁石の極である磁軸極を中心に、太陽に面した昼間側では角距離にして11～12度離れた地磁気緯度で77～78度、夜側では角距離20～22度離れた地磁気緯度68～70度の低緯度側にずれた楕円形の地域がオーロラの出現頻度の高い地域です。地球が回転して楕円形の下に来た地域がオーロラ楕円帯となります。オーロラ楕円帯は時々刻々と場所を変えますが北アメリカ大陸の北部を通っているのです。

　アラスカのフェアバンクス、カナダ・ユーコン準州のホワイトホース、ノースウエスト準州のイエローナイフなどはオーロラ楕円帯に位置しますので、

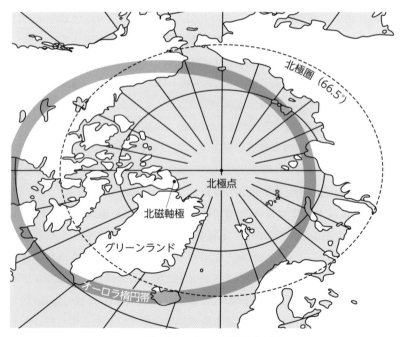

図 4.3-1　オーロラ楕円帯の図

日本からのオーロラ観光の目的地になっています。イエローナイフは太平洋の湿った空気がロッキー山脈を越えるときに雪を降らせ、乾いた空気になりますので、晴天率が高く雲にさえぎられることは少ないため出現さえすればオーロラが必ず見られる割合が高い街として知られています（写真4.3-2）。

4.4　グランドサークル

　グランドサークルはアメリカ合衆国のユタ州とコロラド州の境界付近に、コロラド川を堰き止めてつくられた世界第2位の人造湖であるパウエル湖を中心に半径230 kmの地域を指します。大地が侵食されて出現した奇岩や巨岩の自然の造形のほか、先住民の高度な文化の残る遺跡などが点在しています。サークル内には10の国立公園、16の国定公園、19の国立モニュメントや州立公園などが並び、アメリカでも人気のある観光地で、南西のはずれには砂漠内につくられた大都会ラスベガスが位置しています。世界自然遺産、世界文化遺産に登録されている国立公園もあります。

　最も人気のある国立公園はコロラド高原の南に位置するグランドキャニオンでしょう（写真4.4-1）。大自然のコロラド高原での造形作業が始まったのは4000万年前からです（7000万年前からという説もある）。隆起作用が続くコロラド高原で川の浸食作用により500万年前にはコロラド川の全容が現れ、200万年前には峡谷が出現しました。隆起する高原を川が削り続け、深い谷が形成されたのです。現在も浸食作用は継続中ですが、グランドキャニオンの絶壁の平均の厚さは1,200 m、最大は1,800 m、その長さは446 km、幅は6～29 kmの大峡谷で、最低部の標高は800 mです。絶壁に見られる最古の地層は20億年前、最上部は2億5000万年前の地層が現れていると考えられています。1919年に国立公園に指定され、1979年に世界自然遺産に登録されました。

　アーチーズ国立公園は草木のない岩山に自然が創出した2,000を超すアーチや尖塔が並ぶ、ほかに類を見ない自然の創造美が展開する面積309 km²の国立公園です。1929年に国定公園に指定され、1971年に国立公園に変更されました。ユタ州のシンボルのデリケートアーチは崖の上に不安定に立

写真 4.3-1　昭和基地（南極）のオーロラ

写真 4.3-2　イエローナイフ（カナダ）の−40℃の世界（1月）

写真 4.4-1
グランドキャニオン

写真 4.4-2
デリケートアーチ

写真 4.4-3
ブライスキャニオン国立公園

ち、下から見上げるとアーチ型門柱にも見えます（写真4.4-2）。ランドスケープ・アーチは公園内最大の100mを超える薄いアーチです。このようにいろいろな名前が付けられたアーチ、尖塔、バランス岩などが並んでいます。

　ブライスキャニオン国立公園はグランドキャニオンの北およそ200kmのユタ州南西部に位置する国立公園で、1924年に国定公園に指定され、1928年には国立公園になり145km²の面積を有しています（写真4.4-3）。キャニオンとは言っても実際は峡谷ではなく、2,700mのポンソーガント高原の東斜面が侵食され土柱とよばれる尖塔が円形劇場のように並ぶ特異な光景が展開しています。およそ1億年前から最上部は数千万年前に堆積した砂岩が風や雨での侵食だけでなく、冬季は岩盤にしみこんだ水の凍結融解による風化作用により壊れやすい大小無数の土柱が形成されました。頂上部の巨大な尖塔は高さが60mにも達します。

　眺め下す見渡す限り続く斜面の土柱群は「針の山」に見えます。私はグランドサークル内ではこのブライスキャニオンの光景に驚嘆し、すっかりファンになりました。地球上には数多くのいろいろな形の「針の山」とよべる風景がありますが、ブライスキャニオンが最もその名にふさわしい光景を呈しています。

　国立モニュメントのアンテロープ・キャニオンはアリゾナ州の北緯36度51.7分、西経111度22.5分付近に位置する狭い渓谷です（写真4.4-4）。砂岩層が侵食を受けて削られ、形成された細い水の通路がたびたびの鉄砲水により、より広い通路となり、両側の壁も水に磨かれ、地層が線状に現れています。細い亀裂のような天井からは時間が合えば太陽光が直接地上に届く時があります。入口から出口までほぼ高さが変わらず、容易に通り抜けることができます。内部から明るく見える入口のシルエットが動物の形に見えると、多くの写真家が訪れる地です。

　モニュメントバレーはユタ州南部からアリゾナ州北部一帯のコロラド高原に属する地域で、メサとよばれるテーブル状の台地や侵食された多くの岩山が点在する地域で、日本人にとっては、テレビ放送が始まった時代の1950年代に繰り返し放映された西部劇の懐かしい風景が広がっています（写真4.4-5）。2億7000万年ぐらい前の鉄分を含んだ地層が侵食を受けて風化し、

現在の赤茶けた風景が創出されたのです。現在は砂漠地帯で雨はほとんど降らず冬季には最高気温が 10℃ を下回り、夏季は 25 〜 33℃ です。そんな気候ですが 1300 年頃までの先住民の遺跡が発見されています。

　グランドサークルのほとんどが人類遺跡を含め自然が対象の国立公園やモニュメントなのに対し、フォー・コーナーズはまったく人為的につくられた国立モニュメントです（写真 4.4-6）。アメリカ西部の 4 つの州の境界線が一点に交わっている点を中心とする円形の地域を指します。北緯 36 度 59 分 56.3 秒、西経 109 度 02 分 42.6 秒の北西側がユタ州、北東側がコロラド州、南東側がニューメキシコ州、南西側がアリゾナ州で、それぞれ州名と州境を示した記念碑が建てられています。

4.5　デスバレー（死の谷）

　グランドキャニオンの東およそ 400 km に位置し、カルフォルニア州とネヴァダ州の境界に沿い南北 225 km に延びているのがデスバレーで、シエラネヴァダ山脈東部に広がるデスバレー国立公園の主要地域です。デスバレー国立公園はデスバレー全域と西側のパナミント山脈を挟みパナミント渓谷などが含まれ、面積が 1 万 3,158 km² でアメリカ最大の国立公園です。

　公園内には哺乳類 51 種をはじめ過酷な砂漠の環境に適応した多くの動植物が生育しています。1933 年に現在のデスバレー国立公園の一部が保護地域として国定公園に指定され、1994 年には国立公園に格上げされるとともに保護地域も拡大され、公園地域全体が保護の対象地域となっています。

　デスバレーはモハーヴェ砂漠の北側に位置し、砂の丘、数々の奇岩、見渡す限りの砂漠や塩原などの景観が広がっています。乾ききっている谷は塩が堆積したバッドウォーター盆地とよばれる塩の原野の中にある塩湖です（写真 4.5-1）。湧水を源泉とする小さな池がありますがほとんどは塩の原野です（写真 4.5-2）。標高は − 86 m で北アメリカ大陸では最も深い谷です。西側のパナミント山脈の最高峰のテレスコープ峰の標高は 3,368 m です。

　海面下の地形とともにデスバレーはアメリカの国立公園の中で乾燥し、地球上で最も暑い場所としても知られています。1913 年 7 月 10 日に記録し

写真 4.4-4
アンテロープ・キャニオン

写真 4.4-5
モニュメントバレー

写真 4.4-6
フォー・コーナーズ

写真 4.5-1　バッドウォーター盆地

写真 4.5-2　海面下 80 m の塩の原野

写真 4.5-3
ヨセミテ国立公園の巨木メタセコイヤ

た 56.7℃ が世界気象機関（WMO）により地球上で観測された最高気温と認定されています。平均降水量は年 50 mm と極めて少ないですが、一度まとまった雨が降ると砂漠の土壌に水は染み込まず鉄砲水が発生し、死者も出ています。

「デスバレー」とよばれるようになったのは、ゴールドラッシュの 19 世紀、カルフォルニア州の金鉱地に向かった一団が近道をしようとして谷に迷い込み、数週間さまよい酷暑と水不足で数人が命を落としたことに由来します。

デスバレーの北西 300 km に氷河地形と巨木で知られるヨセミテ国立公園が位置しています。カリフォルニア州の中央部、シエラネヴァダ山脈の西山麓に広がる 3,081 km² の面積を有する自然保護を目的とした国立公園です。1864 年に州立公園となり、1890 年に国立公園、1984 年に世界自然遺産に登録されました。

氷河に削られた花崗岩が U 字谷の氷河地形を形成し、高さ 1,095 m の一枚岩の岩壁、落差 735 m の滝などが渓谷に並んでいます。それに樹齢2700 年のメタセコイアの巨木が並ぶ林があり、100 種の哺乳類、200 種の鳥類などが生息しています（写真 4.1-2，4.5-3）。

4.6　中部アメリカの国々

中部アメリカは南北アメリカ大陸をつなぐ中央部にあり、メキシコと中央アメリカ、西インド諸島が含まれます。中央アメリカはメキシコ東部の最も狭いテワンテペク地峡からパナマ地峡までの範囲で、地理学的にはメキシコの南部を含み、グアテマラ、ベリーズ、ホンジュラス、エルサルバドル、ニカラグア、コスタリカ、パナマ西部からなり、太平洋とカリブ海を分けています。東の西インド諸島はキューバ、ハイチ、ジャマイカ、ドミニカなどが東西に並ぶ大アンティル諸島と小国が鎖状に南北に連なる小アンティル諸島が並び、大西洋とカリブ海を分けています。

メキシコはもちろんグアテマラとベリーズは北アメリカプレートに含まれますが、そのほかはカリブプレートに含まれ、太平洋側からココスプレートが沈み込んでいます。したがって地球科学的には非常に活動的な地域で、地

震活動、火山活動とも活発です。ベリーズとニカラグアにはカリブ海に面し平野もありますが、全体的には山岳地帯です。この地域には2万年前には人類が到達していたようです。16世紀にスペインに征服される前まではオルメカ文明やマヤ文明などが栄えました（写真4.6-1）。その影響もあり、狭い地域ながら世界文化遺産に登録されている地域が数多く点在しています。

西インド諸島マルチニーク島のペレー火山（モンプレー：1,394 m）は1902年に大噴火を起こし山頂から山麓へ熱雲が高速で流れ下り、6〜7 km離れたサンピエール市を焼き払いました。死者は20世紀最多の2万8,000人以上にのぼったことから「20世紀最大の火山災害」といわれています。この噴火形式は「プレー式噴火」とよばれています。

西インド諸島の東の端、プエルトリコの北側にはプエルトリコ海溝が位置しています。東西の長さ800 km、最深部8,605 mの海溝ですが、大西洋では南のサウスサンドウィッチ海溝とただ二つの海溝の一つです。

4.7　パナマ運河

パナマ運河は中央アメリカのパナマ地峡を開削し太平洋と大西洋に面したカリブ海を結ぶためにつくられた閘門式運河です（写真4.7-1）。全長80 km、最小幅91 m、最大幅200 mで水深は最も浅いところで12.5 mです。この運河の完成によりそれまでのように南アメリカ大陸南端を回り込まなくてもアメリカの東海岸と西海岸の往来が可能になったのです。

パナマ運河の構想はスペイン人が侵入してすぐ始まったようですが、実際の工事が始まったのは19世紀になってからです。紆余曲折があり、最終的にはアメリカが建設を引き受け10年の歳月を要して1914年に開通しました。

アメリカにとって太平洋と大西洋を結ぶ運河の建設は経済的にも軍事的にも必要な事でした。パナマ運河建設を検討する以前、ニカラグアのニカラグア湖を利用する運河建設が検討されていました。湖水を利用したほうが掘削量は少なくて済むと考えられたのです。ところが前節で述べたように1902

写真 4.6-1　メキシコ南部にあるマヤ文明の遺跡「チチェン・イッツァ」

年カリブ海の東端に大西洋との境界を形成している小アンティル諸島のマルチニーク島にあるペレー火山が噴火し首都が全壊する噴火が起こりました。そのためニカラグア湖内や周辺にも火山があるのでアメリカは、運河建設を諦めパナマ運河建設を決めたそうです。

　建設された運河はアメリカが管理していましたが、1979年その主権をパナマに返還しました。そして20年間の共同管理を経て1999年12月31日、アメリカは全施設を返還し、パナマ運河の運営はすべてパナマ政府が管轄しています。現在、その通行料はパナマの大きな収入源となっています。

　両大洋を結ぶパナマ運河は東西方向に建設されていると思われていますが、太平洋側のパナマシティからは、北西方向に建設されており、東方向に航海するはずが実際は北北西方向に航海しカリブ海に入ることになります。

　出港して間もなくパナマ鉄道のターミナルのあるバルボア港を通過するとミラフローレス閘門に入ります。閘門は2室で16.5 m上昇し、ミラフローレス湖に入ります。そこからペドロ・ミゲル閘門に入りさらに9.5 m上昇し、クレブラカットとよばれる切通しを通過します。この切通しが分水嶺となり船は大西洋側へと進むのです。人造湖のガトゥン湖は湖面の標高が26 m、

写真4.7-1　**パナマ運河**（この左側に第2パナマ運河がある）

　パナマ運河の最高点がガトゥン閘門まで続きます。パナマ閘門は3室で一気に26 m下降し、海面の高さに達し、カリブ海の港コロンに到着します。閘門通過時には船体は航路に沿って施設されているトロッコ機関車によって曳航されます。

　閘門の大きさが決まっているのでパナマ運河を通過できる船舶のサイズは「パナマックス」とよばれ全長294.1 m、最大幅32.3 m、喫水12 m、最大高57.91 mでした。2016年6月26日、パナマ運河の西側に第2パナマ運河が開通し、太平洋側にココリ閘門、大西洋側にアグア・クララ閘門が設けられ、通行可能な船のサイズ（新パナマックス）は全長366 m、最大幅49 m、喫水15.2 m、最大高は同じ57.91 mとなりました。

　アメリカ海軍の軍艦の船体幅は32 m以下に決められていました。東京湾で第二次世界大戦終結の日本の降伏文書調印の場になった戦艦「ミズーリ」の船体幅も約32 mでパナマ運河を通過できました。さらに第2パナマ運河の開通で20万トン級の豪華客船も通過可能となりました。

4.8 南アメリカ大陸

　南アメリカ大陸はパナマ地峡から南に広がる陸地で、北端はカリブ海に面したコロンビアのグアヒラ半島（北緯 12 度 28 分）、南端はドレーク海峡に面したアルゼンチンのホーン岬（南緯 55 度 59 分）で、南北約 7,600 km、東西 5,000 km で、大陸全体が西半球に属します。大陸の西側には南北にアンデス山脈が横たわり、東側にはギアナ高地、ブラジル盆地、ブラジル高原が並びます。これらの高地とアンデス山脈の間には平野が広がっています。その平野の形成は北ではオリノコ川、中央がアマゾン川、南部ではラプラタ川の水系によってなされ、ともに東側の大西洋に流れ出ています。

　北部のギアナ高地は 10 数億～ 20 億年前の地層、ブラジル高原も数億年前の地層からなり、ゴンドワナの一部でした。ゴンドワナの分裂後、パナマ地峡と接合するまでは長い間孤立した大陸だったので、動植物が独特に進化し、固有種が多いのです。

　赤道を挟んでブラジル高原やブラジル盆地は熱帯雨林気候帯が広がります。その南にはサバナ気候、さらにアルゼンチンでは温暖湿潤な気候となり温帯草原のパンパ地帯です。いずれも穀倉地帯であり、畜産の盛んな地域です。パンパの南には乾燥して冷涼な地域が西のパタゴニアへと続きます。

　アンデス山脈は冷涼な山岳気候区となりますが、南部のパタゴニアは氷雪の世界です。複雑なのは太平洋側です。狭い海岸平野からアンデス山脈西麓の地帯ですが、緯度により複雑に変化しています。北のコロンビアからエクアドル北部は熱帯雨林気候ですが、エクアドル南部からペルー、そしてチリ北部は乾燥地帯なのです。沖合を流れる寒流のペルー海流の影響で雨がほとんど降らず、太平洋岸に沿って南緯 15 度付近から 25 度付近まで、アンデス山脈の西麓までの幅が 100 km 程度で南北に 1,000 km 以上の砂漠地帯が続き、その南は地中海性気候区です。

　チリ北部のアンデス山脈の西側の標高 5,000 m のアタカマ高地には日本の国立天文台が国際協力で建設したアルマプロジェクト・チリ観測所があります。水蒸気が少ない自然環境で 66 台のパラボラアンテナを組み合わせた電波望遠鏡で銀河誕生や生命起源の探求を続けています。

　チリの首都サンチャゴは海岸からやや離れたアンデス山脈の西、標高500 m の盆地に位置しています。このように南アメリカの太平洋岸は海岸が狭く、アンデス山脈までの中間地域が人間の生活圏になっています。

　獲物を追って南アメリカに到着した人類は、その気候の温暖化や乾燥に順応し定着していったのです。自生していた植物からジャガイモやトマトなどをつくり出し食糧生産を可能にし、畜産も行われ、独自の文化を築きました。チリの現在のクスコを中心にしたインカ帝国をはじめ華開いていた文明は16 世紀のスペインの侵攻によってことごとく破壊されました。大航海時代の到来でヨーロッパ列強は世界の至るところへ進出を始めていたのです。スペインはアンデスなど大陸の西半分をその支配下に収めました。ポルトガルはトルデシリャス条約の規定を根拠に、現在のブラジル北東部を中心に勢力を広げていました。

　トルデシリャス条約は 1492 年のコロンブスの新大陸発見の報で、スペインとポルトガルの覇権争いが深刻になり、ローマ教皇の仲介により両国は1494 年 6 月、トルデシリャス条約を結びました。それは西アフリカのセネガル沖に位置するベルデ岬諸島の西 370 レグア（約 2,000 km）の点を通る子午線（西経 46 度 37 分）の東側の新領土はポルトガルに、西側はスペインに属するという内容でした。この条約を補完する東経 144 度 30 分より西側をポルトガル領とするサラゴサ条約が 1529 年 4 月、両国によって批准され、ポルトガルは西経 46 度 37 分から東半球の東経 144 度 30 分の間で新領土が獲得できることになったのです。

　そんな背景があり日本にも 1543 年には種子島にポルトガル人によって火縄銃が持ち込まれ、中国のマカオやインドのゴアもポルトガルの植民地になったのです。

　19 世紀、ナポレオン戦争でヨーロッパが混乱しているとき、南アメリカでは独立の機運が高まり、1820 年代にスペイン領の地域は次々に独立しました。ブラジルでもポルトガル王室がリオデジャネイロに首都を移すなどの混乱後、撤退し、南アメリカはスペインとポルトガルから解放されました。その後イギリスが旧宗主国に変わり経済的進出をしてきました。そんな中でアルゼンチンの牛肉、ブラジルのコーヒーなどの農畜産物やチリの鉱物など

それぞれの国の資源が輸出されるようになり、経済的に安定してきたのです。

　現在南アメリカ大陸には 12 の共和制の国家があり、さらにフランス領ギアナがあります。またイギリス領のフォークランド諸島やサウスジョージア・サウスサンドウィッチ諸島も南アメリカ州に属します。

4.9　アンデス文明とインカ帝国

　アンデス文明はベーリング海峡を渡り南下してきた人類が南アメリカに到着し、ペルーを中心とする太平洋沿岸、ボリビアのアンデス中央高地（アルティプラーノ）につながる一帯に築かれた文明で、1532 年にスペインの侵攻によって終焉しました。メソポタミア文明、エジプト文明、インダス文明、黄河文明のいわゆる四大文明は文字を使っていましたが、アンデス文明には文字はありませんでした。鉄や青銅器もなく、四大文明の石器時代の生活のようでした。しかし、金銀のすぐれた鋳造・装飾技術を持ち、家畜飼育が行われていました。車を使用する知識はなく、運搬用にはラクダ科のリャマが使われました。またアルパカは毛を利用、食用にはクイ（テンジクネズミ）を飼育するなど家畜飼育がなされ、これらは現在も継続され、クイ料理はペ

写真 4.9-1　**クスコ**

写真 4.9-2　**クスコの石組**

写真 4.9-3　マチュピチュ

写真 4.9-4　ティアワナコ遺跡

ルーの名物料理の一つです。

　四大文明が穀物を主要食糧の基盤として発展したのに対し、アンデス文明ではジャガイモ、サツマイモなどの塊茎類が主食用に栽培されていました。トウモロコシも栽培されていましたがこれは酒用だったようです。

　また、四大文明が河川沿いに発展したのに対し、アンデス文明は海岸の河川沿い、山間盆地、高原地帯に分かれて発展し、それぞれ交流をしながら独自の文化を形成していきました。

　最古の遺跡は1万4000年前のもので、それ以後多くの遺跡が残されています。紀元前5000年頃には農耕・牧畜の社会となり土器の制作も行われ出したようです。遺跡には神殿が認められるようになります。

　紀元頃になると小さな王国が形成され、それぞれの文化が起こりました。その一つが現在のナスカ市周辺のナスカ文化です。ナスカの地上絵はその遺産の一つです。

　12世紀、3,000mの高地の現在のクスコ市を中心にクスコ王国が成立しました。1438年には国家として再編成されインカ帝国が成立し、コロンビア南部、エクアドル、ペルー、ボリビア、チリ北部から中部、アルゼンチン北西部に広がっていました。最盛時には80民族、1,600万人の人々が生活していました。クスコの市内には現在でも多くの石造物が残り、1983年に世界文化遺産に登録されています（写真4.9-1）。その石積みは剃刀の刃一枚も入らないと、高い技術が現在でも評価されています（写真4.9-2）。

　その遺跡の一つがクスコの近くのマチュピチュです。マチュピチュはインカ帝国のケチュア語で「老いた峰」の「マチュピチュ」を地名化したもので、クスコとともに世界複合遺産に登録されています。インカ帝国の首都、標高3,400mのクスコからアンデスの東斜面をウルバンバ谷に沿って電車で1時間走るとマチュピチュ村のプエンテ・ルイナス駅に着きます。標高は2,430mで、遺跡はそこから300m登った山の尾根にあります。ウルバンバ谷の流れはアマゾン川の支流です。

　マチュピチュは尾根の狭い地域に石積みの家が密集している区画とその周囲を囲むように段々畑が広がっています。家の密集している区画の中に居住空間があり、女王の神殿、太陽の神殿、三つの窓の神殿、太陽の門、牢獄な

どもあります。インティワタナとよばれる日時計は広場の最高点にあります。あちこちに水汲み場があり、灌漑用水路が整備されていたことがわかります。その規模から、この地域での生活可能者は最大でも 750 名ぐらいと推定されています（写真 4.9-3）。その規模から考えるとマチュピチュは、王族の避暑地的な場所ではなかったかと考えられています。

　ボリビアの首都ラパスの北 72 km、チチカカ湖の南側にはティアワナコ遺跡があります。標高 3,800 m にある加工された巨石が並ぶ宗教都市の 4 km 四方に及ぶ広大な遺跡です。その中にはいくつかの人型の像（モノリート）が建っていますが、スペイン人はこの像を射撃訓練に使っていたと地元ガイドは説明していました。500 年以上前の出来事ですが、憤慨した口調に彼ら征服者たちへの感情が読み取れました。世界文化遺産に登録されています（写真 4.9-4）。

4.10　チチカカ湖とウユニ塩湖

　チチカカ湖はアンデス山脈に続くアルティプラーノ北部に位置し、湖面の標高は 3,812 m、60％がペルーに、40％がボリビアに属して国境を形成している古代湖です（写真 4.10-1）。最大長 190 km、最大幅 64 km、平均水深 107 m、最深部 281 m、面積は 8,372 km² で、南アメリカ大陸最大の湖です。湖は北西側湖面の 80％を占める大きなチュクイト湖、南東側には全体がボルビア領の小さなウィニャイマルカ湖の二つに分かれます。二つの湖水は幅 800 m のティキーナ海峡で結ばれています。湖は汽船が航行できる湖としては世界最高所に位置します。

　湖畔や点在する大小 41 の島々には多くの遺跡が残り、最大のチチカカ島は「太陽の島」とよばれインカ帝国、インディオ文明の祖先の発祥の地とされ、宗教的な聖地となっています。ボリビアのティアワナコ遺跡はすぐ南東側に位置しています。

　西岸のプーノ市の周辺をはじめ、湖畔は土地が肥沃のため紀元前 5000 ～ 6000 年前頃から人々が居住し、小さな文化は生まれてはなくなりを繰り返し、12 世紀にはインカ帝国の発祥の地となりました。プーノ市街の沖合

ではウル族がトトラとよぶ葦を束ねてつくった浮島に居住するようになり、
100 を超える大小の浮島が存在しています。この浮島群はウロス諸島とよ
ばれ、約 1,500 家族、5,000 人が居住しています。島内ではソーラーパネ
ルで電気も使えて、郵便局、民宿などがある島も出てきて、漁業で生計を立
てていた住民は、現在は観光業が大きな産業になっています。

　日本ではウユニ「塩湖」とよばれていますが、実際は大きな窪地がすべて
塩で満たされているので塩の原野ですからウユニ「塩原」とよぶのがふさわ
しいです。ウユニ塩原はボリビア中部のアルティプラーノに位置し、標高は
3,700 m、南北 100 km、東西 250 km の長さで、面積は 1 万 582 km² で
琵琶湖の約 16 倍の広さです。塩原では 100 km 四方で 50 cm 程度の高低
差しかないので、「世界一平らな地域」とされています（写真 4.10-2）。乾
期（7 〜 10 月頃）には塩原は乾いていて容易に車で通行可能です。ただ塩
原を数十センチ掘ると水がしみ出してきます。雨期には塩原の上に水溜りが

写真 4.10-1　**チチカカ湖.** 船もトトラでつくられている

写真 4.10-2　ウユニ塩原の食塩産出

写真 4.10-3　アンデス山脈内の塩田

でき、天空と自分自身を映して上下対称の写真が撮れると観光客には人気があります。

　塩原はボリビアの国道5号線に指定され4輪駆動車が使われ、雨期に水溜りができていても通行は可能です。塩原の中央付近には高さが40mほどのペスカド（魚）島があり、サボテンが自生しています。これが遠方から見ると魚に見えるのでこの命名になりました。また中ほどには塩のホテルがあり、喫茶店、売店、軽食が提供されるレストランなどが併設され、塩の砂漠のオアシスとなっています。

　ウユニ塩原では食塩の生産はもちろんですが、リチウムの埋蔵量が世界の50％を占め、注目されています。

　クスコ付近の地層には塩分が多く含まれているようで、高地の谷あいの斜面に日本の水田のような区画をつくり、山からの湧水を高所から低所へと逐次流します。そして塩田に塩分が白く蓄積していったらそれを採取し食塩とします。日本の海岸近くのような塩田ではなく、海抜2,500mを超す高所の塩田です（写真4.10-3）。

　南アメリカ大陸には大きな湖水が少ないですが、パタゴニアには深い窪地があります。カルボン湖はパタゴニアのサンタクルス州の南緯49度34分、西経68度21分にある内陸湖であり塩湖でもあります。南北5km、最大幅2km、面積9km²で、湖面の標高は−105m、西半球で最も低い自然地形です。アルゼンチンにはほかにもグアリーチョ窪地（−72m）、グランデ塩類平原（−42m）などが点在しています。

4.11　ギアナ高地

　ギアナ高地は南アメリカ大陸の北東部に、北はオリノコ川、南はアマゾン川、西はその支流のネグロ川に囲まれ北東は大西洋に面し、コロンビア、ベネズエラ・ボリバル、ガイアナ、スリナム、フランス領ギアナ、ブラジルが属する高地です。標高1,000、2,000mの頂上が平坦で垂直に切り立ったテーブルマウンテン、現地ではテプイとよばれる山が100以上も並ぶ高地です（写真4.11-1）。

　そんな中でネブリナ（3,014 m）、ロライマ（2,810 m）などが頂上の平坦な高い山（テーブルマウンテンあるいはテプイ）として残っています。平坦な頂上部を流れた水は岩の割れ目などを伝わり麓に流れてきます。あたかも岩の間からの湧水のように見える水でも、じつは長い間頂上の平坦部を流れていたので温められ冷たさはありません。

　ギアナ高地やブラジル高原の地層は 20 億〜 14 億年前頃の先カンブリア時代に堆積した砂岩や珪岩からなり、楯状地を形成しています。ゴンドワナが分裂を繰り返しましたが、ギアナ高地付近はその大陸の回転軸付近に位置していたと考えられ、ほとんど現在の場所から動いていないと推定されています。

　テーブルマウンテンの一つアウヤンテプイには落差 979 m（岩にぶつかることなく落ちている高さは 807 m）のエンジェルフォールがあります（写真 4.11-2）。落下する水は途中で飛散し、滝壺はありません。アメリカ人の飛行探検家のジミー・エンジェルは 1937 年に飛行機から金鉱探査をしていてこの滝を発見しました。彼の名にちなんでエンジェルフォールと命名されました。現地ではスペイン語の発音で「アンヘル」とよばれています。なおアウヤンテプイは「悪魔の山」を意味し、700 km² の面積はギアナ高地の中でも最大級の大きさのテプイです。

　テプイの一つサリサリニャーマは平坦な頂上に少なくとも 8 個の縦穴を有し、最大の穴は直径、深さとも 350 m もあり、鳥類以外は入ることもできず、それぞれが特異の生態系を形成しています。

　ギアナ高地の観光の入り口はベネズエラのカナイマです。カナイマ国立公園は広大な人跡未踏の地を含む熱帯雨林の秘境で、世界自然遺産に登録されています。カナイマからの遊覧飛行がエンジェルフォールとギアナ高地を知ることができる手軽な方法です。

　エンジェルフォールを正面から見る展望台へは、カナイマからカロニ川をラトンシート島までボートで遡上し、そこから 2 時間の山登りで行くことができます。この登りは大きな岩と太い木の根が続く悪路です。ラトンシート島には簡易宿泊設備もありますが、カナイマから日帰りで滝の見物ができます。

写真 4.11-1　**ギアナ高地**（機上から撮影）

写真 4.11-2　**エンジェルフォール**（機上から撮影）

4.12　アマゾン川流域　——世界一の大河

　アマゾン川はブラジルを中心にその周辺の国々の熱帯雨林地帯を流れ、多くの支流を集め大西洋に注いでいる大河の総称です。アマゾン川の流域面積は705万 km² で世界最大で、南アメリカ大陸の40％以上の面積を占めています。また世界の河川では第2位の面積のコンゴ川でも370万 km² とほぼ半分です。全長は6,516 km で、ナイル川には及びませんが、ナイル川同様にその源流は必ずしも確定はせず、どちらの川が最長かの議論は今後も続くでしょう。現在の源流はペルー南部のボリビアとチリの国境に近いアンデス山中のミスミ（5,597 m）とされています。

　熱帯雨林を流れる支流は大量の水をアマゾン川に流入させ平均の水深は40 m と深く、本流では50 〜 60 m、場所によっては120 m にもなり、河口から4,000 km 上流まで遠洋航海用船舶が航行可能です。アマゾン川の標高は河口から1,600 km の地点でも32 m、3,800 km 遡っても80 m で

写真 4.12-1　パラグアイの草原

す。したがって流れは緩やかで、上流にはアマゾニアとよばれる大湿原が広がっています。

　河口から 537 km のオビドスでの計測によると毎年 11 月頃からアマゾン川の水位は上昇し始め、翌年の 5 ～ 6 月頃に最高位になり、次第に低下を始め、10 ～ 11 月頃に最低位になります。水位の上昇に 7 ～ 8 カ月、低下には 4 ～ 5 カ月というサイクルで、その高低差は 5 ～ 6 m です。

　河口から直線距離にして 1,200 km ほど上流付近に中央アマゾン保全地域群（ジャウー国立公園）が設けられており、熱帯雨林の自然公園で 2000 年にジャウー国立公園が、2003 年には拡張する形で保全地域群として世界自然遺産に登録されました。この保全地区に入るにはブラジル政府の許可が必要です。子どもが乗っても沈まないオオオニバス、ピンク色でくちばしが長いアマゾン固有種のアマゾンカワイルカ、水上集落などを見ることができます。

　アマゾンの支流は白、黒、緑などそれぞれ特有の色を有しています。黒色はジャングルの木や葉から滲み出したタンニンによるもので、保全地区の近くを流れる支流のネグロ川はその代表のような川です。白い川はアンデスから流れてきた河川に多く、風化が進んで岩石が細かく粉状になり水が白っぽく濁っているのです。ネグロ川は保全地区から南東に 200 km 付近の 19 世紀に多くのヨーロッパ人が移住して開いた都市マナウス付近で、白い川の本流と合流します。そこでは白と黒の 2 色の川が混ざり合うことなく 10 km ほど並行して白と黒の帯状に流れています。

　流域のアマゾン盆地一帯の平野や湿原は先カンブリア時代の地層の楯状地です。ゴンドワナの中心である時期には地溝帯が形成され海水が流入し海水起源の物質が堆積していました。3 億年前に東側の陸地が上昇し、西側だけが海につながっていました。1 億年前頃にはゴンドワナの分裂で西側では太平洋プレートの沈み込みでアンデス山脈が形成され、水の流れは東向きとなり現在のアマゾン川水系が形成されたのです。

　アマゾン川周辺は気象条件や生態的な条件が長期にわたり安定していたので、熱帯雨林や水中の世界でも豊かで多様性のある動植物が数多く存在しています。陸上の哺乳類は 250 種、鳥類は 1,800 種、昆虫に至っては 100 万

種と推測されています。水中生物は 2,000 〜 3,000 種と推定されています。

　アマゾン川流域はそれぞれに独特の地魚が存在し、現在でも原始生活を送る部族もいます。この地を初めて探検したスペイン人がギリシャ神話の女人部族「アマゾーン」と思い、これが「アマゾン」の地名の由来になったと言われています。アマゾン川の特徴は ①流水量が多い、②流域は平坦地、③渇水期と増水期の水位の差が大きなことです。

　ギアナ高地の北側を東へ流れ大西洋に注いでいるのがオリノコ川です。ブラジル国境に近いパリマ山脈を源に全長 2,500 km、流域面積 92 万 km²の南アメリカ大陸第 3 位の河川です。大西洋に面した河口付近にはデルタ地帯が発達し、420 km 上流のシウダード・ボリバルまで大型船舶の航行が可能です。年間の水位の差は 15 m 以上になり、流域の南側はギアナ高地を含む熱帯雨林帯です。北側から西側は広大なオリノコ平野が形成され、リャノとよばれる熱帯草原で未開発地域が多いです。

　源流から流れ出たオリノコ川は、水源から 400 km ぐらいのところで、カシキアレ川が分流していますが、この川はコロンビアとの国境を形成しながらブラジルに流れ、アマゾン川の支流の一つになっています。南アメリカ大陸の二つの大河、アマゾン川とオリノコ川は支流でつながっているという地球上でも珍しい河川です。

　ラプラタ川はウルグアイ川、パラグアイ川、パラナ川をはじめ無数の支流を有する巨大な水系を形成していますが、実際にラプラタ川とよばれるのはパラナ川の三角州にウルグアイ川が合流した地点からから大西洋が湾入する付近までの 290 km 程度です。右岸のアルゼンチン側にはブエノスアイレス、左岸のウルグアイ川にはモンテビデオと、それぞれの首都が位置しています。合流地点の川幅は 30 km、河口付近は 220 km の幅があります。ラプラタ川の河口付近は三角江（エスチュアリー）とよばれ、氷河時代の海水面が低かった時代に浸食された低地に、その後水が浸入し水深が深く、港湾都市が発達したのです。ボリビアからパラグアイ、アルゼンチンへの流域はラプラタ盆地ともよばれる低地帯です（写真 4.12-1）。

4.13　アコンカグアとパタゴニア

　南アメリカ大陸には最高峰のアコンカグア（6,961 m）をはじめ合計 15 座の 6,000 m 級の高山が『理科年表』にはリストアップされ、すべてがアンデス山系に位置しています。同じく 5 座の 5,000 m 級の山はアンデス中央山系に位置するコロンビアのクリストバルコロン（5,775 m）、アンデス東山系のベネズエラのボリバル（5,007 m）の 2 座以外はすべて、太平洋に面しています。その中には 9 座の火山が含まれます。火山はアンデス山系でも太平洋側に点在し、エクアドル、ペルー、ボリビア、チリに位置しています。

　アンデス山系では 3,000、4,000 m の高地には氷河地形が発達しており、山岳氷河も存在しています。チリの首都サンチャゴから、車で 1 時間ほどアンデス山脈に向かえば、もう山岳地形や山岳氷河を見ることができます。アンデス山脈の南部はパタゴニアに入ります。ほとんどが 2,000 m 級の山になりますが、チリ側にはサンバレンティン（4,058 m）、火山のアレナス（3,437 m）などの高山が点在しています。

写真 4.13-1　パタゴニア・ロスグラシアレス国立公園の「フィッツ・ロイ（3,375 m）」

写真 4.13-2　パタゴニアの名峰「セロ・トーレ」

写真 4.13-3　パタゴニアの氷河「ペリト・モレノ氷河」

南アメリカ大陸の南緯40度付近を流れ、アンデス山脈を水源として大西洋に注ぐコロラド川を境界としてその南側がパタゴニアとよばれる地域で、チリとアルゼンチンの南部が含まれています（写真4.13-1）。パタゴニアは南アメリカ大陸南部地域の総称で、アンデス山脈南部の山岳地帯だけでなく、アルゼンチンの広大な平原、草原も含みます。

　アンデス山脈のパタゴニアは現在でも氷河が存在し、氷河地形が残り、世界的な観光資源となっています（写真4.13-2）。山頂から谷を埋める氷河の数は50以上とされ、南極氷床、グリーンランド氷床に次ぐ氷量です。パタゴニアの氷河は中緯度に位置している温暖氷河とよばれる種類で、アンデス山脈の大量の降雪によって涵養されていますが、移動も速く、消耗も激しいのです。それだけに氷河の崩壊するする姿は観光客をひきつけています（写真4.13-3）。

　パタゴニアの大西洋に面したコロラド川とネグロ川にはさまれた地域は肥沃な土壌の大草原で農耕に適した地域でパンパの南端になります。パタゴニアの中心はパタゴニア台地ともよばれ、年間を通して強い北西の季節風が吹き、低温です。このためチリ側は降水量が多いですが、アルゼンチン側は乾燥した気候なのです。

　パタゴニアのアルゼンチン側の大西洋に面しているパルデス半島は、ゾウアザラシ、アシカ、ペンギン、アメリカダチョウやグアナコなどの鳥類が生息しています。マゼランペンギンのルッカリー（営巣地）は半島以外にもあり、太平洋側のチリにも点在しています。

　パタゴニアは16世紀にこの地を発見したマゼラン隊が、先住民の毛皮の靴の足跡を見て巨大な足（パタゴン）とよんだことに由来するとされています。マゼラン海峡を挟みその南側にフエゴ島が位置しています。マゼラン一行は先住民の焚火を見て「ティラデルフエゴ（火の島）」と命名しました。チリ側のプンタ・アレーナスは空路、アルゼンチンのウスワイアは海路での南極へのゲートウェイです。

4.14 イグアス

大西洋に面した山地から内陸の西に向かって、ブラジルの亜熱帯気候の森林の中を流れてきたイグアス川が、アルゼンチンとの国境を形成して間もなく 80 m を超す段差にぶつかり出現した滝がイグアスの滝です（写真 4.14-1）。世界 3 大瀑布の一つで、ブラジル側が全体の 20%、アルゼンチン側が 80% を占め川幅は 2,700 m 程度ですが、落下している滝の全幅は 4 km にも達します。亜熱帯地域で降水量は年間 1,900 mm と多く、落下する滝の数は雨期には 300、乾期では 150 ほどと時期によって差がありますが、公称では 275 とされています。

最大の滝はアルゼンチン側にあるガラガンタ・デル・ディアブロ（悪魔の喉笛）とよばれ、落差 82 m、幅 150 m のところに長さが 700 m の U 字形で落下しています。滝はこの付近では 100 年間に 30 cm ほど後退していると見積もられ、高さ 80 m の滝もあれば、2 段、3 段になっている滝もあります。滝の景観はアルゼンチン側とブラジル側では多少異なります。アルゼンチン側には大小無数の滝が存在し、それぞれを縫うように遊歩道や展望台が設けられています。ブラジル側は「悪魔の喉笛」にも劣らない大きな滝が並んでいるのが特徴です。内陸国のパラグアイも滝に近く、ブラジル側、アルゼンチン側を含め、イグアスの滝観光の拠点になっています。

イグアスの滝周辺はブラジル側にもアルゼンチン側にもそれぞれ「イグアス国立公園」が設けられていて、世界自然遺産にも登録されています。

滝を形成したイグアス川は 23 km 下流で、北から流れてきたパラナ川に合流しています。合流点のやや上流にはパラグアイとブラジルとが共同で建設したイタイプダムがあります。中空重力式コンクリートダム、ロックフィルダムなど複数の型式のダムがつながっており堤高 190 m、堤総延長 9,900 m の巨大なダムで、1991 年の完成時は世界一、中国の三峡ダム稼働後は世界第 2 位の発電能力を有しています（写真 4.14-2）。

写真 4.14-1 **イグアスの滝**

写真 4.14-2 **イタイプダム**

第 **5** 章

オーストラリア大陸

オーストラリアのエミュー

5.1　全土が一つの国

オーストラリア大陸は面積が約 759 万 km²、南半球のオセアニアに位置し、6 大陸の中で最も小さい大陸です。北はアラフラ海、西と南はインド洋、東はタスマン海に面し、その東側にはニュージーランドが位置しています（写真 5.1-1）。最北のヨーク半島のヨーク岬と北のニューギニア島とはトレス海峡や木曜島を挟み、アジアとは 100 km 強離れた距離にあります。南西端のタスマニア島を含め、全土を一つの国オーストラリア連邦が占めている地球上唯一の大陸です。オーストラリアの実状は共和制の国ですが、形式上はイギリス連邦加盟国でイギリス国王を君主とする連邦立憲君主制国家です。

ゴンドワナの一部を形成していましたが、その後の分裂により南極大陸やインド亜大陸とともに東ゴンドワナとなり、数千万年前にはさらに分裂して一つの大陸になっていたと考えられます。以来、今日まで氷期の海面が低下した時代にはニューギニア島と陸続きの時代はありましたが、現在と同じように、ほとんど孤立した状態が続いているため、ほかの大陸とはまったく異なった進化を遂げた動植物が多数生育しています。

南緯 10 ～ 45 度に位置するオーストラリア大陸は低緯度の北の海岸地帯や東側の海岸に沿う地域を除くと、大陸全体のほとんどが乾燥地帯になり、中心地域には砂漠が発達しています。東部の海岸線に沿ってはグレートディヴァイディング山脈（大分水嶺山脈）が横たわり、太平洋からの水分を含んだ貿易風は、この山脈で大量の雨を降らせ、西には乾いた空気が吹き下ろします。その結果、山脈のすぐ西側はおもにステップ気候で地下水が豊富で牧畜も可能です。しかし、さらにその西側になると完全な砂漠気候になります。砂漠地帯が全国土の 30%、ステップ気候を含めた乾燥地帯が 50% を占めて、ほとんどの大都市は降雨のある海岸地帯に集中しています。

人間がオーストラリア大陸に居住を始めたのはおよそ 4 万年前、スンダランドとよばれる現在のマレー半島東岸やインドシナ半島に接する大陸棚が氷期で陸地になっていた地域から、渡来したと考えられています。その子孫がアボリジニで狩猟生活を営んでいました。アボリジニの伝承の中に 4000

年前にはインド人がオーストラリアに渡り、アボリジニとの間に混血が行われたとの報告や、何処からかやってきた黒人や白人たちとの交流があったことが残されていますので、大陸の外からの人間の侵入はあったのでしょう。

　本格的な外部からの侵入は、ヨーロッパ人たちにより大航海時代以後になされました。ヨーロッパにオーストラリアの存在を知らしめたのはオランダ人のウィレム・ヤンスゾーンやイギリスのジェームス・クックらでした。大陸の存在が確認されると富を求めてヨーロッパ人たちがオーストラリアへ進出し始めました。その結果先住民のアボリジニの人口は激減を続けましたが、1960年代になってオーストラリア政府はアボリジニの保護政策を開始し、現在は人口が混血を含め28万人にまで回復してきています。

　オーストラリア政府が保護政策を開始した頃、私は西オーストラリアのアボリジニの集落を訪れたことがあります。彼らは政府が用意した木造の簡易住宅に住むことを好まず、外で生活しているようでした。軒先には燻製や日干しにしたようなカンガルーの肉が吊るしてありましたが、外で焚火を囲み談笑していて、どの住宅も家の中には人が居る気配はありませんでした。地元の人の話では「だから政府は困っている」と言っていましたが、それから半世紀が過ぎた今日、彼らがどんな生活をしているのか私には情報がありません。

　オーストラリアは1770年にクックがシドニーのボタニー湾に上陸し、領有が宣言されて1788年からイギリスからの移民が始まりましたが、その中には多くの囚人が含まれていました。1828年イギリスはオーストラリアを植民地として、また流刑の地として囚人を送り込んで開拓をしていきました。その後のゴールドラッシュの時代には多くのアジア人も入りましたが、1901年オーストラリアは独立を宣言しイギリス連邦王国の一つとなりました。

　ニュージーランド人は「オーストラリアの英語は罪人たちが使っていた言葉が残っているので下品な英語である。ニュージーランド人は移民でやってきた人たちの故郷の英語で高貴な英語である」と言います。

写真 5.1-1　オーストラリア南東部の都市・シドニーにある「オペラハウス」と入港する日本の南極観測船「しらせ」

5.2　最高峰と楯状地

　オーストラリア大陸は大分水嶺山脈、大鑽井盆地と楯状地に大別されます。グレートディヴァイディング山脈は東部高地ともよばれ、クイーンズランド州の北東端からニューサウスウェールズ州の南端まで海岸線に沿って南北に延び、さらにヴィクトリア州で西へ総延長 3,500 km、山脈の幅は変化に富み 160 ～ 300 km を超えます（写真 5.2-1）。高くても 1,000 m 級の山が連なり、最高峰は山脈南部首都キャンベラ近くのオーストラリアアルプスのコジアスコ（2,228 m）で、頂上域も平坦でその高さはほかの大陸の最高峰に比べ 3 分の 1 以下、オセアニアとしてはニューギニア島の 4,000 m 級の山々に比べても半分以下です（写真 5.2-2）。

　オーストラリアアルプスは 3 億年前に隆起して形成された山塊で、その後の激しい浸食で、主稜線は分断され枝尾根、台地、高地、崖などに分断された山脈です。高地や台地は農耕地に開拓され、山塊や崖は国立公園に指定され、多くの国立公園が南北に並んでいます。

　オーストラリア大陸の中央から西は地球上でも最も古い地層から構成され

写真 5.2-1　グレートディヴァイディング山脈内ブルーマウンテンズのスリーシスターズ

ている楯状地で、ゴンドワナのはるか前の20億年以上前の地層も残されています。オーストラリア大陸の楯状地ばかりでなく、楯状地とよばれる地域の岩石は、先カンブリア時代の古い時代の岩石で、どこでも激しく変質し、化石生物がほとんど見られない特徴があります。オーストラリア大陸の楯状地もその起源は古い時代の溶岩で、30億年前後の古さで平均して地表から4.5 kmの深さに存在しています。その上をより新しい時代の堆積岩が薄く覆っています。

　楯状地は北のカンタベリー湾西岸から、南のエーア半島までほぼ直線の西側全域で、その面積の合計は337万 km² にもなります。アフリカのサハラ砂漠は世界最大の907万 km² ですが、それに次ぐ地球上で2番目の広い砂漠地帯です。砂漠周辺に点在する湖水の多くは塩湖で、表面には氷が張ったように塩分が晶出しています。

　中央のマクドネル山脈は最高峰ジェル（1,581 m）をはじめ1,000 m級の高さの山があり、その南のマスグレーヴ山脈にはオルガ（1,069 m）やエアーズロックがあります。そのほかの高地も、昔の高い山が侵食を受け丸い丘に変形して残っています。転々と並ぶこのような丘は残丘とよばれます。メサ（スペイン語でテーブル、食卓）やビュート（フランス語で小さな丘）などとよぶ平坦で切り立った卓状台地や、高さに比べて頂上の平坦地が狭い孤立丘が並びます。丘とはよべませんがジェル、オルガ、そしてエアーズロックもまた巨大な残丘です。昔の大山脈が侵食を受けても高く残った地形です。

　エアーズロックは「地球のへそ」とか「最大の一枚岩」とよばれますが、壁画が残るウルルとともにアボリジニの聖地です。エアーズロックは頂上が平坦で最高点は863 mとされていますが、頂上での最高点のポイントはわかりにくいです。周囲は約10 km、平原の中に350 mの高さの山が屹立していますが、地上に現れているのは全体の10%程度ではないかと推定されています。北西側からが一般的な登り口でしたが、2020年からはオーストラリア政府が登山禁止にしています。ウルル・カタジュタ国立公園に指定されており、世界複合遺産に登録されています。日の出前、日没直後、エアーズロックの山体が朱色に染まる光景が観光客の人気をよんでいます（写真

5.2-3)。現在はエアーズロックへの登山は禁止されています。しかし、過去にも禁止、再開が繰り返されていますので、いつかは登れる日がくるのではないでしょうか。

　1966年に私は初めてウエスタンオーストラリア州のパースから東の金鉱山があるカルグーリーまでおよそ500kmをドライブしました。このルートに沿っては大陸の南を横断するトランスコンティネンタル鉄道が建設されています。まず驚いたことは地球上では最小の大陸の南端を少し走っただけですが、日本の東京から大阪に相当する距離の間に残丘は見られても、まったく山が見えない平坦な地形が広がっていることでした。島国の地形しか知らない私には、大陸とはどんなものかを知る、最初の情報でした。

　道路に沿って直径1mに近い水道管が施設され、500km先のカルグーリーまでの長距離間を送水されていました。途中に見える湖水はほとんど塩湖で塩の採集が行われている湖水もありました。最も驚いたことは駅の付近にはコンクリートの地面に脱穀した小麦の粒が5mぐらいの高さまで積み上げられていることでした。日本では袋に入れられ鉄道や車で運ばれているのが、まるで砂を運ぶように扱われていたのです。雨が降らないオーストラリア楯状地の一風景です。

　オーストラリア楯状地から東側のグレートディヴァイディング山脈の間はグレートアーテジアン（大讃井）盆地とよばれ、オーストラリア全土の23％を占める大盆地です。讃井盆地は地下水が貯水された盆地の両側から集まった水が噴出している地域で、広大な地域なのでグレートアーテジアンと固有名詞になりました。全体が砂漠気候やステップ気候で年間降水量は500mmに満たない地域ですが、自噴する水のおかげで内陸の貴重な水資源で、牧畜が盛んに行われています。

　グレートアーテジアン盆地やその隣接地域の草原や森林は火災の多い地域です。多くが自然発火のようですが、ブルーマウンテンズのスリーシスターズ（写真5.2-1）を訪れると、必ずといってよいほど西の方向に煙が見えました。日本で報じられる森林火災のニュースは必ず逃げ惑うコアラの姿が見られます。

写真 5.2-2　オーストラリア最高峰コジアスコの山頂付近

写真 5.2-3　オーストラリアのエアーズロック

5.3　沿岸地域が観光地

　オーストラリアで多くの人が関心を寄せる自然景観の地域は、大陸の中心に位置しエアーズロック（ウルル）のあるウルル・カタ・ジュタ国立公園を除くと、ほとんどが大陸の東西の海岸地域に点在しています。大陸の北東側にはグレートバリアリーフ、西側のインド洋に面しては奇形のピナクル群をはじめとする景観が並んでいます。

　グレートバリアリーフは南緯10〜24度、北のトレス海峡から南のブリズベンまで大陸沿岸に2,600 kmの長さに存在する世界最大のサンゴ礁地帯です。そこには2,900以上の海面下のサンゴ礁（暗礁）とおよそ900の島が点在し、総面積は34.44万 km²以上と推定されています。1981年に世界自然遺産に登録されました。

　外礁が大陸を取り囲むように存在し、その中に暗礁や島が点在する文字通りの大堡礁です。サンゴ礁の形成は海面変動に追従します。現在のグレートバリアリーフは最後の氷期が終わった2万〜6000年前頃までの海水準変動によって形成されたと考えられています。2万5,000のサンゴ礁に約400種のサンゴが生育しています。

　サンゴは水温や水質など環境の影響を受けやすく死滅したサンゴは白色になり、白化現象とよばれます。1998年以降、気温上昇による白化現象が起き、2000年にはオニヒトデの大繁殖によりサンゴが死滅する被害が報告されています。今後も白化現象や天敵によるサンゴへの被害は頻繁に起こると懸念されています。自然のサイクルの複雑さを示す現象です。

　グレートバリアリーフは海洋生物の宝庫です。1,500種の魚類、242種を数える鳥類、350種に及ぶヒトデ、ウニ、ナマコなどの棘皮動物、400種を超える貝類やタコ、イカなどの軟体動物が生息しています。ジュゴン、ウミガメ、イルカなどとの触れ合いや、ホエールウォッチングが可能な海域です。

　ヴィクトリア州の南端メルボルンの郊外のフィリップス島はフェアリーペンギンのルッカリー（集団営巣地）があります。朝方海に出て夕方戻ってくる姿が観光客の人気をよんでいます。野生のコアラやオットセイも見ること

ができます。

　メルボルンの西南西 270 km 付近を走るグレートオーシャンロードはヴィクトリア州で最も美しい景勝地とされ、「世界で最も美しい海岸道路」とよばれることもあります。道路に沿って並ぶ奇岩は 1000 万〜 2000 万年前までは陸続きだった石灰岩層の岸壁が侵食を受けて崩壊し、海から屹立する岩峰として残ったもので 12 使徒とよばれています。

　ウエスタンオーストラリア州の州都パースから北へ 1,200 km、南緯 22 度付近のノースウエスト岬から南回帰線付近までの海岸に沿い約 260 km の長さに広がるのがニンガルーコーストです。海洋域を含め約 60 万 ha（ヘクタール）の地域が世界自然遺産に登録されています。ニンガルーリーフのエメラルドグリーンの海の景観はグレートバリアリーフに勝るとも劣りません。沖合 300 m のところに暗礁が並び、サンゴの壁がつくられている豊かな海が広がります。

　内陸地域には年間降水量が 300 mm の乾いた大地が存在しています。ニンガルーは先住民の言葉で「海に突き出た岬」を意味します。果てしなく広がる乾燥した大地はカルスト地形で、サンゴが堆積して形成された石灰岩の地層です。地下には多くの洞窟や水路、地底湖があり、地表面には高さ 300 m の大峡谷が存在しています。

　いろいろな絶滅危惧種を含むニンガルーリーフは、ほかの地域では類を見ない生物の多様性について活発な議論が行われる場ともなっています。

　ウエスタンオーストラリア州の西海岸中央部、ニンガルーリーフの南およそ 500 km、パースの北北西およそ 700 km に位置するシャーク湾は 1991 年に世界自然遺産に登録されています。面積が 7,300 km²、水深は 2 m、穏やかな湾が広がっています。周辺の浜は厚さ 5 m の貝殻の層で埋め尽くされ、その背後には乾燥して荒涼とした大地が広がっています。人間の居住には適さず、カンガルーやトカゲなど乾燥に強い動物のみが生存しています。

　この地域を有名にしているのが現生のストロマトライトの存在です。ストロマトライトは 32 億年前地球上に現れた最初の生命体を含む岩石と考えられています。

　最初に陸上に繁殖した藍藻類（シアノバクテリア）は原始的な生物（細菌

とよべる）で厳しい環境でも生息できます。その藍藻類が泥や砂の表面に
定着して日中は光合成を進め、夜間になると泥は藍藻類の粘着によって堆積
物が固定します。藍藻類は呼吸のため堆積物の表面に集まり、日中になると
また光合成が始まるというサイクルで徐々にドーム状の形を形成していきま
す。その成長速度は年に数ミリ程度で非常に遅いですし、その断面は層状（縞
模様）になります。

ストロマトライトは先カンブリア時代の地層にはあちこちで発見されてい
ます。いわば化石ですが、シャーク湾では周辺の浜に現生しています。シャー
ク湾の内湾のハメリーンプール海岸の浅瀬でストロマトライトが発見された
のです。その表面は真っ黒で頂部だけがオレンジ色に変色した岩石です。一
抱えもあるような円形の岩塊が無数に並ぶ景観が存在しているのです。

シャーク湾の南 450 km、パースの北 250 km にインド洋に面するナン
バン国立公園が位置しています。砂漠の中に 3 〜 5 m の石柱が無数に林立
し「ピナクルズ」とよばれています。ゴンドワナ分裂後、数千万年前、海岸
近くの石灰岩質の土台の上に発達していた原生林（多分ユーカリの木でしょ
う）が枯渇し、風化し、根の間に残った石灰岩質が石柱となったのです。石
灰岩に包み込まれた根は化石となり、化石と石灰岩の石柱で、長い時間をか
けて自然が創出した景観です。

5.4　タスマニア島

オーストラリアの南東端のバス海峡を挟み海上 240 km に位置するタス
マニア島は面積 6 万 7,900 km²、周辺の島々を含め一つの州であるタスマ
ニア州を構成し、州都は南部のホバートです。タスマニアに初めて到着した
とされるオランダ人探検家のアベル・タスマンにちなんで命名されています。
近年は過去の記録から、アボリジニがよんでいたという「ルトルウィタ」と
のよび方も使われ始めています。

島全体はオーストラリア本土と比べれば、山が多く雨量の多い地域です。
最高峰は島の中心付近にあるオッサ（1,617 m）で、その北西のクレイドル
（1,545 m）とともに付近一帯は「タスマニア原生地域」（1982 年に世界複

合遺産に登録）として保護され、世界最後の未開の地と言われています。この中央の山岳地帯を中心に四方に向けて何本もの川が流れ、途中では多くのダムと水力発電所が設けられており、州内の電力の 80％を供給しています。残り 20％は風力発電です。

　この島には四季があり、夏は 12 月から 2 月で、海岸では平均で 21℃、内陸では 17 〜 24℃の最高気温です。秋は 3 月から 5 月で天候が変わりやすく、冬は 6 月から 8 月で最高気温は海岸で平均 12℃、内陸では雪も多く 3℃です。春は 9 月から 11 月までですが、10 月までは降雪があります。

　降水量は西部で多く海岸では 1,500 mm、内陸では雪も多く 2,700 mm になります。人口の多い北部の降水量は 700 〜 1,000 mm 程度です。タスマニア島の面積はオーストラリア大陸全国土の 1％にも足りませんが、その降水量はオーストラリア全土の 12％にもなり、島内の貯水量は 27％にもなります。

　タスマニア島は全体に先カンブリア時代の古い岩石が分布しています。現在活火山はありませんが、中央高地には柱状節理が見られ、北西から西部には火山岩が、北東部から東部には花崗岩が、南部には石灰岩が見られます。

　原生林も残っており、中央高地の荒涼とした風景を、ゴンドワナ時代に現在よりも低緯度にあった南極大陸の風景に重ねる研究者もいます。

　タスマニア島とその周辺の海域ではホワイトワラビー、フェアリーペンギン、ハリモグラ、オットセイ、クジラ、イルカなどが生息しています。また島内にはカンガルーはもちろんウォンバット、さらに絶滅危惧種のタスマニアデビルも生育しています。

　タスマニア島には大陸と陸続きであった時代の 3 万年ぐらい前からアボリジニが住み、当時の石器や壁画も発見されています。氷期が終わり、タスマニアが大陸から分離した後はアボリジニが独自の発展を始めました。

　探検家のタスマンが島を発見後、最終的にはイギリスが植民地化し、1803 年、オーストラリア本土のシドニーからの流刑因とその看守が本格的な植民として来島、島は流刑植民地となりました。1901 年、オーストラリア連邦の成立に伴いその州となりました。

5.5 ニュージーランド

オーストラリア大陸の南東タスマン海を挟み 2,000 km に位置するニュージーランドは島国で二つの大きな島と、多くの小さな島々から構成されている立憲君主国家です。北へ4,000 km 以上も離れたポリネシアのトケラウ諸島や 1,500 km 離れたメラネシアのケルマデック諸島、南島東 1,000 km のチャタム諸島などもニュージーランドに属します。

ニュージーランドは環太平洋地震帯、火山帯に属し、北島の東沖までは北からケルマデク海溝が延び、太平洋プレートが東側からオーストラリアプ

写真 5.5-1　**ロトルアの間欠泉**

写真 5.5-2　**ハーミティジから望むマウント・クック**

レートの下に沈み込んでいる領域です。その姿は日本の東北地方に似ています。主要な2島はクック海峡を挟んだ北島（面積11万4,300 km²）と南島（15万500 km²）で総面積は26万8,860 km² です。

　北島には首都ウェリントンが位置し、市の東側を南北に断層が通っています。この断層により1855年には大きな地震が発生し、被害が出ました。また活火山が並び火山起源の湖水が点在し、温泉が湧き、土ボタルで知られるワイトモ洞窟などの観光地があります。

　タウポの近くには火口湖のタウポ湖、その北のワイラケイには地熱発電所が建設されています。温泉地ロトルアや北のブレンデイ湾の沖合のホワイト島までは「タウポ火山帯」と総称していま（写真5.5-1）。その南には北島最高峰ルアペフ火山（2,797 m）や富士山に似たナウルホエ火山（2,291 m）などが位置しています。付近一帯はトンガリロ国立公園に指定され、山岳地帯はマオリ族の信仰対象地であるため1990年に世界複合遺産に登録されています。

　南島の西側中央にはサザンアルプス（山脈）が走り、最高峰のマウント・クック（3,724 m）（写真5.5-2）のほか18座の3,000 m級の山が並んでいます。マウント・クックはイギリス人によって命名されましたが、現在は先住民のマオリ族のよび方「アオラキ」（「雲を貫く」の意）が用いられるようになりました。

　サザンアルプスには現在でも多くの氷河が存在しています。アオラキの北側、タスマン山（3,497 m）の標高3,000 m付近を源流として東のマッケンジー盆地へと流れ、幅4 km、全長27 km、ニュージーランド最大の氷河がタスマン氷河です（写真5.5-3）。アオラキ／マウント・クック国立公園内にあり、流域面積は101 km²、深度は600 mです。付近にはフッカー氷河、ミュラー氷河も並んでいますが1990〜2000年頃、その末端が大きく後退しました。

　サザンアルプスの西側タスマン海に面してはフランツ・ジョセフ氷河、フォックス氷河が並び、ウエストランド国立公園として世界自然遺産にも登録されています。氷河の上をトレッキングできるコースが設定されており、氷河観光に適した地域です。過去の氷河末端を示す標識があり、現在氷河が

どれだけ後退しているかが明瞭に示されています。

　サザンアルプス東側に広がるカンタベリー平野やオタゴにはテカポ湖、プカキ湖、ワナカ湖、観光地クインズタウンの面するワカティプ湖など、数多くの湖水が並んでいますが、すべて氷河時代に形成された窪地に水が溜まった氷河湖です。

　ミルフォードサウンドを含むタスマン海に面した島の南西端はフィヨルドが発達しており、フィヨルドランド国立公園として保護されています。中でも世界自然遺産のミルフォードサウンドはタスマン海から 15 km の細長い入り江（サウンド）で、周辺は 1,200 m の絶壁が屹立し、多くの滝が流れ落ち、奥南側のマイターピークは海面から 1,800 m の高さです（写真 5.5-4）。湾内にはオットセイ、クジラ、ペンギンなどが見られます。観光の拠点テアナウからミルフォードサウンドへは、ミルフォード・トラックが整備されており、3 泊 4 日程度のトレッキングが可能です。

　南島の中心都市クライストチャーチでは 2011 年 2 月 22 日にカンタベリー地震（Mw6.1）が発生し、クライストチャーチ大聖堂が崩壊し、郊外では多くの液状化現象が起きて大きな被害が出ました。この地域では入植が始まって 100 年が経過した 1901 年にも同じような地震が起き、大聖堂の尖塔が折損し液状化が発生しました。また 2010 年 9 月 4 日にも M7.0 の地震が起きましたが、大聖堂の尖塔には被害が出ませんでした。このようにクライストチャーチは首都のウェリントンよりも高い頻度で被害地震が発生しています。

　ニュージーランドは北島、南島とも海洋性気候で夏涼しく、冬も強い寒波はなく比較的暖かな気候です。

　ニュージーランドがオーストラリアから分離したのは数千万年前です。以来、ニュージーランドの生物は独自の進化を遂げ特殊な生態系が形成されました。陸上の哺乳動物はコウモリ類だけで、ほかの大陸で哺乳類が果たしてきた役割は鳥類が果たしています。モアとよばれたダチョウより一回り大きな飛べない鳥は、マオリ族が渡来して以来、捕食され絶滅しました。マオリ族はモアハンターともよばれています。

　飛べない鳥の代表はキーウィです。ニュージーランド人をよぶ代名詞とな

り、中国原産のキーウィフルーツまでニュージーランドが原産と思う人がいるほどです。飛べない鳥の生態系はその後持ち込まれた哺乳類（イヌ、ネコ、

写真 5.5-3　**マウント・クック（左上）とタスマン氷河上流域.**
ガイド付きのスキーツアーが可能

写真 5.5-4　**ミルフォードサウンド**，左側がマイターピーク

ネズミ、シカ）などにより、破壊が進み、現在は動物の持ち込みは厳しく制限され保護政策がとられています。

　持ち込まれた羊や牛は環境に適し、牧畜はニュージーランドの基幹産業にもなっています。

　無人島だったニュージーランドに東ポリネシア系の人が移住してきたのは8世紀頃と考えられています。彼らはマオリ族の祖先で、それまでの漁労生活をモアの捕獲による狩猟生活に変え、北島から南島へと居住地域を拡大していきました。モアの絶滅は1550年とされています。

　14世紀頃になるとモアはほとんど獲りつくされ、彼らは持ち込んだタロイモやサツマイモなどを栽培する農業と漁業をするようになりました。

　1642年、アベル・タスマンがニュージーランドを発見、1769年にはイギリスのジェームス・クックがニュージーランドに到着し、ヨーロッパ人の間に「ニュージーランド」の存在が認識され始めました。

　1930年後半、イギリスの植民地会社であるニュージーランド会社が組織的な移民活動を始め、多くの富裕層の人々が入植しました。イギリス人の人口が増えるとマオリとの間で摩擦が起き、1840年のワイタンギ（会議をした北島の街の名前）条約を締結し、マオリはイギリスの主権下に入りました。1850年頃、南島で金鉱が発見されニュージーランドではゴールドラッシュの時代に入ります。

　1931年11月、ニュージーランドはカナダ、オーストラリア、南アフリカとともにイギリス連邦加盟国となりました。ニュージーランド人はイギリス国民として第一次世界大戦、第二次世界大戦に参加したことに誇りを持っています。自治が確立したのは1947年になってからです。現在でもイギリス国王はニュージーランド国王でもあります。

　ニュージーランドの呼称についても「アオテアロア」にすべきだとの意見が出てきています。マオリが渡来したとき彼らはその土地を「アオ〈雲〉テア〈白〉ロア〈長く〉」（白く長い雲〔のたなびく大地〕）とよんでいました。もともとは最初に到着した北島を指していたたようですが、マオリはニュージーランド全体の名称にすべきと主張しています。

5.6 高山が並ぶニューギニア島

オーストラリアの北、トレス海峡を挟み赤道から南緯 11 度、東経 130 〜 151 度に位置しているのがニューギニア島です。東経 141 度線を境界として西側がインドネシア、東側がパプア・ニューギニアの 2 カ国の領土で、東西の長さが 2,384 km、最大幅 658 km、面積は 77 万 1,900 km²、グリーンランドに次ぐ世界で 2 番目の大きな島です。パプア島、イリアン島というよび方もあります。

インドネシア領では西側のドベライ半島が西パプア州、そのほかがパプア州に属しています。パプア・ニューギニアは北部がモアセ地方、南部がパプア地方、中間の山岳地帯が山岳地方に区分されています。

島は環太平洋地震帯・火山帯に属し活火山も点在しています。北側は太平洋とビスマルク海、西側はハルマヘラ海とセラム海、南側はアラフラ海、トレス海峡、珊瑚海、東側はソロモン海に囲まれています。島の北東端にはニューブリテン島が位置しています。

島の中央部には数千年前のアルプス造山運動と同じ頃に形成された険しい山岳地帯が東西に延び、背梁山脈となっています。インドネシア側にはマオケ山脈、パプア・ニューギニア側にはビスマルク山脈、さらに南東にオーエン・スタンリー山脈が延びています。マオケ山脈にはオセアニア最高峰のジャヤ（4,884 m）が位置し、それぞれの山脈にも 4,000 m 級の山々が並び、山頂付近には氷河が存在しその面積は 15 km² と見積もられています。

パプア・ニューギニアのマナム火山（1,807 m）は 2004 年以来の噴火で 1 万人が島外に避難しています。ラミントン火山（1,680 m）は 1951 年の大爆発で頂上部が崩壊し標高が 600 m も低くなり、3,000 人が犠牲になりました。北東側のビスマルク海に面したニューブリテン島でもラバウル火山（688 m）は 1937 年の噴火では 505 人の犠牲者が出ています。1944 年にはシンプソン湾の海底火山とほぼ同時に噴火が発生しました。また、ランギラ火山（1330 m）も 19 世紀以来活動が続いています。

島の南部には多くの河川が流れ広大な沖積平野を形成し低湿な密林地帯が展開されていますが、海岸はマングローブが生い茂るデルタ地帯です。北部

は沖積平野が広がり、山が迫っているだけに変化に富んだ地形です。

　山岳地帯を除き熱帯雨林気候帯で、年間の降水量は 2,000 〜 3,000 mm です。生物はアジア系の植物相とオーストラリア系の動物相を示し、陸続きの時代があったことを示唆しています。植物ではラン科などおよそ 1 万 2,000 種、動物類では有袋類の哺乳類や鳥類のゴクラクチョウ、オウム、ヒクイドリなどが生育しています。

　ニューギニアに最初に移住してきたのは 7 万年前の氷期の頃にスンダランドからやってきたオーストラロイドだと考えられています。オーストラロイドは人類の概念で 4 大人種とよばれるユーカソイド、ネグロイド、モンゴロイド、オーストラロイドの一種です。オーストラリアのアボリジニに近く、パプア人の先祖と考えられています。彼ら先住民は外界から孤立した社会で、内陸部でそれぞれが考え出した農耕生活や狩猟生活を送っていました。

　この島に初めて来航したヨーロッパ人は 1511 年に二人のオランダ人の名前が残され、その後、スペイン、さらに 17 世紀にはオランダによる調査が活発になりました。遅れを取ったイギリスやドイツも 19 世紀には探検を繰り返し、各国は調査した地域の領有を宣言するようになりました。

　1855 年にオランダは東経 141 度線の西側を植民地としましたが、その前年には東側の背梁山脈の北側をドイツが、南側をイギリスが領有しています。1906 年にはイギリス領のニューギニアがオーストラリアの統治領となり、パプアと命名されました。

　第一次世界大戦の敗戦により、国際連盟の決議により 1920 年にドイツ領のニューギニアはオーストラリアの委任統治領となりました。第二次世界大戦の一時期、オランダ領のニューギニアとパプアの一部は日本軍が占領しましたが、戦後の 1963 年、オランダ領ニューギニアはインドネシアの一州に編入されました。また 1975 年にはオーストラリアが 29 年間、信託統治をしていた東部ニューギニアもパプア・ニューギニアとして独立しました。

第**6**章

南極大陸

南極・オングル諸島にある昭和基地．背後は南極大陸（ドローンにて撮影）

6.1　孤立している氷の大陸

　地球の北と南の領域を極地とよびます。極地の定義はいろいろありますが、本書では緯度 66.5 度より高緯度の地域とします。このように定義すると、北極でも南極でも、少なくとも一年に一日は太陽が沈まない「夜のない日」と、一日中太陽の現れない「極夜」の日があります（写真 6.1-1）。どちらの日も緯度が高くなるに従って増え続け、北極点や南極点では、夜のない日は一年の半分よりやや長く、太陽の現れない日は一年の半分よりやや少なくなります。極夜の日数が少なくなるのは太陽に大きさがあるからです。

　北極と南極では、同じ極地でも大きな違いがあります。北極の中心は北極海で、その表面は厚さが数メートルの海氷に覆われ、その下には海水があります。海水の氷点は −1.9℃ですから、北極では気温が −10℃、−20℃でも、海の中は −1.9℃よりは暖かいのです。北極海は北極を寒くしない働きをしています。

　南極の中心は南極大陸、その上に平均の厚さが 2,000 m を超える氷床が存在し、常にその上の空気を冷やし続けています。最低気温は −90℃、平均気温は −50℃程度です。それに対して北極の最低気温は −70℃、平均気温は −30℃程度です。南極は北極より最低気温と平均気温が約 20℃低いのです。その原因は陸と海にあります。南極には南極大陸という広大な陸地があり、その上に氷が存在しているために北極よりも寒いのです。南極点付近は標高が 2,800 m、氷床の厚さは 2,700 m、そこにある標識は 3 回立て直されましたが、いつも同じように保たれています（写真 6.1-2）。

　南極大陸は太平洋、大西洋、インド洋の 3 大洋が一同に会する地域に、それぞれを分けるように位置しています。地球上のアジア大陸と北アメリカ大陸はベーリング海峡で、アジア大陸はマレー半島からニューギニアに延びた島嶼のつながりとトレス海峡でオーストラリア大陸とそれぞれ 100 km 前後の幅で接し、海水準の低かった氷期には互いに陸続きだったのです。

　ただ南極大陸だけは、南半球のオーストラリア大陸とは 3,500 km、アフリカ大陸とは 4,000 km 離れており、最も近い南アメリカ大陸の南端とも 1,000 km の距離がある地球上唯一の孤立した大陸です。

その自然の厳しさから最も高等な陸上動物でもノミやシラミの仲間、植物は藻類やコケなど下等な植物が岩に張り付くように生きているだけです。

南極で見られる大型動物のアザラシやペンギンの生活圏は海です。ペンギンは陸で生活しているイメージが強いですが、海で採餌し、ときどき陸上に上がって営巣し、産卵して雛を育てますが、生活の基盤は海なのです。

極夜には大陸周辺にいるアデリーペンギンは北の海に帰りますが、コウテイペンギンだけは年間を通して南極大陸周辺の海域で過ごします。真冬に海氷上で営巣し産卵、抱卵、孵化させ、雛を育てます。

アザラシは大陸周辺に居続けます。しかし彼らは海氷に空気孔を確保するものの、ほとんどは海中で過ごします。海氷の上の気温は−20〜−30℃になりますが、海水温は−1.9℃よりは高いのです。アザラシが真冬、海氷の上から海水に入る感覚は人間が風呂や温泉に入る感覚、つまり温度差が20℃以上もある暖かい水の中に入ることになります。

南極大陸の最大の特徴は、その表面が氷床で覆われていることです。積雪によりその厚さを増していきますが、最大の厚さは4,000 m程度です。氷には硬い弾性的な性質とともに、長い時間かけて変形する流体の性質もあります。厚くなった氷床は重力の作用でその中心から四方八方へと流れていき、全体としては鏡餅のようにのっぺりと大陸表面を覆い、最大の厚さも4,000 mぐらいに保たれています。内陸から押し出された氷床は海に流れ出て氷山となって南極大陸から離れ、消えていきます。氷山の寿命は長くても10数年です。

海岸線が凹んで湾状になっている地域は流れてきた氷床に埋め尽くされ棚氷とよばれます。棚氷の厚さは数百メートルで海に浮いています。ロス棚氷は世界最大の棚氷ですが、その面積はおよそ51万km²で、フランスの本土とほぼ同じ広さです。南極氷床の面積は陸氷のみの場合はおよそ1,200万km²、棚氷を含めると1,392 km²、体積は3,011 km³、氷の平均の厚さは2,160 mと推定されています。この量は地球上にある全氷量の90%に相当します。その下の岩盤の表面標高は−160±716 mと、誤差は大きいですが海面下です。南極大陸の平均的な岩盤表面は海面より低いのです。ただし、氷床がなくなると大陸は隆起してくると考えられています。

写真 6.1-1　**沈まぬ太陽.** 右端（西）から左端（東）へ移動. 中心が午前 0 時頃

写真 6.1-2　**南極氷床の中心付近にある南極点を示す標識**

6.2 南極横断山地

南極大陸は東南極と西南極に大別されます。東南極はおもに東半球、西南極は西半球に属しますが、地形学的には南極横断山地の東半球側を東南極、西半球側を西南極とよぶとその特徴が明瞭になってきます（図6.2-1）。

南極横断山地はロス海の北西端にあるビクトリアランドのアデア岬から延々と続き、ウェッデル海東岸のコーツランドまで3,500 kmの大山地です。ロス海の西岸から南岸へと東半球側の「東南極大陸」を形成するように山脈が続き、大陸の中心地域で西半球側に移ります。ホーリック山脈やペンサコラ山脈、さらにウェッデル海側のシャクルトン山脈など2,000 〜 4,000 m級の山々が一続きに連なる山脈群で「南極横断山地（あるいは南極横断山脈）」とよばれています。

南極大陸の最高峰ビンソンマッシーフ（4,892 m）は南極横断山地より西側に外れたエルスワース山脈の中に位置しています。

南極横断山地は東経0 〜 180 度の経線と交差はしていますがほぼ平行で、

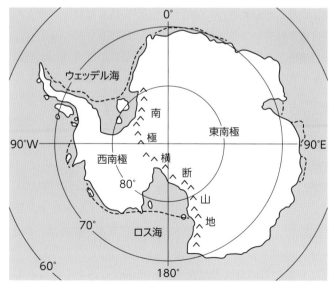

図 6.2-1　南極大陸概念図

南極大陸を二分する形になっています。南極横断山地を東西両南極の境界とすると、その東半球側は「東南極大陸」とよべる立派な大陸なのに対し、西南極は島が並んでいる群島で、その上に氷床が存在し、あたかも一つの大陸のようになっていることがわかってきました。

　南極横断山地を含む東南極大陸の岩石は先カンブリア時代に形成され、ゴンドワナを構成していました。したがって、東南極大陸は楯状地ともよべる平坦で古い岩盤で構成され、その山中から1908年にイギリスのシャクルトン隊によって石炭の層が発見されていました。石炭になった木はガンガモプテリス、グロソプテリスで、およそ3億年前の石炭紀に地球上に繁茂していたのです。

　そして1967年には動物の化石が発見され、その後リストロサウルスの全体骨格の化石が発見されました。リストロサウルスは体長80 cm程度、子犬ぐらいの大きさで2億年前後前に水辺に棲んだ四脚獣で、恐竜の先祖です（写真1.4-1）。当時の陸上の姿は石炭となった植物相はなくなり、トクサやソテツが生い茂る景観に代わってきていました。リストロサウルスの化石はインド、オーストラリア、アフリカ、南アメリカなどでも発見されており、海を泳いで渡ることのできない動物の化石が、現在は数千キロも離れている各大陸で発見されていることは、これらの大陸は互いにつながった一つの大陸であった証拠とされ、ゴンドワナの存在が明らかとなり、疑問視されていたプレートテクトニクスが、多くの研究者によって認められるようになったのです。ゴンドワナの一角を占めていたその頃の南極大陸（正確には東南極大陸）の位置は現在より低緯度で、現在のタスマニア島のような景観だったのではないかと推定されています。

　東南極氷床の平均の厚さはおよそ2,600 m、最も厚いところでは4,000 mで、総体積は2,604万 km³です。氷床下の岩盤表面の標高は15±672 mとようやくプラスです。西南極氷床の平均の厚さは1,700 m、最も厚いところで2,500 m、総体積は326万 km³、岩盤表面の標高は-440±777 mです。

　東南極にも基盤岩の表面の標高が-1,000 mに達する地域があり、死海よりもはるかに低い地球上の窪地です。しかし、氷床の荷重によって地殻が

マントルの中に沈み込んでいるので、氷床がなくなれば上昇してくると考えられています。

　基盤岩の表面の標高が−400 m 以上の西南極の氷床下は大小の島が並んだ地形と考えられて、その年代も東南極よりは新しく 2 〜 3 億年前から数千万年前の岩石で構成されています。南極半島の北から北西側に並ぶサウスシェトランド諸島はプレートの沈み込みに伴う火山帯で、デセプション島は活火山です。1967 〜 70 年には活発に噴火を繰り返し、島内にあったイギリス、アルゼンチン、チリの基地は閉鎖されました。

　南極大陸を中心とする南極プレートの境界は、このサウスシェトランド諸島付近だけが「沈み込み口」で、プレートを取り巻くほかの境界はすべて「湧き出し口」と考えられています。そしてそのプレート境界は少しずつ北上しており、私は「拡大する（エクスパンデング）南極プレート」とよんでいます。その拡大メカニズムはほとんど未解明です。

　南極にはエレバス（3,794 m）とよぶホットスポット型の活火山が活発な活動を続けています（写真 6.2-1）。東半球に位置するロス海のロス島にありますが、南極横断山地の西半球側に位置しています。

　雪と氷の世界と思われる南極大陸ですが、沿岸地域には所々に無雪地帯が存在します。南極横断山地の東側、マクマード入り江に面しているのが広さ 4,000 km² に及ぶ広大な無雪地帯でドライバーとよばれています。この谷を発見したのは 1901 〜 04 年にロス島のハット岬で越冬したスコット隊です。ハット岬の対岸にある現在の南ヴィクトリアランドを調査中に発見しました。南極横断山地の東側からマクマード入り江までの広大な地域が氷や雪に覆われることなく露出しているのです（写真 6.2-2）。

　ドライバレーには夏季になると海岸の氷河からの融氷水が大きな流れとなって内陸のバンダ湖に流入します。もちろんバンダ湖の湖面の方が低いからですが、海側から山側へと「逆さに流れる川」が出現します。またドンファン池とよばれる 1 km² 程度の池は流入する雪解け水は蒸発により塩分濃度が海水の 5 〜 6 倍で、池周辺には白く塩分が晶出しています。外気温が−54℃でも凍結しないので、不凍湖と考えられています。また、年間を通じて表面が解けない永久凍結湖も存在します。

写真 6.2-1　南極の活火山エレバス

写真 6.2-2　広大な無雪地帯「ドライバー」

6.3 氷底湖 ——海面下 1,000 m の陸地

　厚さ 2,000 m を超える南極氷床の下に日本の琵琶湖（面積 669 km²）の 22 倍の面積の湖水があるという発表がなされたのは南極観測が始まって 40 年近くが経過した 1994 年 8 月でした。イタリア・ローマで南極の専門家が集まる会合で、ロシアとイギリスの雪氷学の研究者たちによって発表されました。

　潜在している氷底湖の名称はロシアのボストーク基地の近くなのでボストーク湖とよばれました。ボストーク基地（南緯 78 度 27 分、東経 106 度 51 分、標高 3,488 m）は国際地球観測年で当時のソ連が南磁軸極（南緯 78.6 度、東経 110 度）付近に建設し、以来現在でも維持されている基地です。標高が高いので地球上の最低気温が記録され、1983 年 7 月 21 日に観測された −89.2℃ が現在でも地上で観測された最低気温です。ただし近年、人工衛星からの測定で、南極で −90℃ を下回る気温が測定されたとの報道もあります。

　ボストーク湖はこのボストーク基地付近を南東端として北北西方向へ 50 km の幅で 300 km 延びていると推定されています。そのときのロシアの発表では湖水の総面積は 1 万 5,000 km² で、バイカル湖（3 万 1,500 km²）の半分程度の広さと説明していました。

　ボストーク基地付近の標高はおよそ 3,500 m、氷床の厚さは 3,800 m 程度と測定されているので、氷床の底面は現在の海面より 300 m も低いのです。そこに深さが 300 〜 700 m の水の層（湖水）があるのです。

　ソ連時代からボストーク基地では南極氷床の深層掘削を実施していましたが、ボストーク湖の存在が明らかになった段階で中止されました。人類の出現する以前から存在する湖水ですから、現代の人工物を入れたらどんな汚染が起こるかもわからず、高圧力なので水が噴き出す恐れもあります。研究者たちは地底湖へのアプローチの方法から検討を始めました。

　ボストーク湖の上の等高線の平坦な地域に着目すると、同じような平坦地域は南極大陸内におよそ 70 カ所はあると推定されています。南極大陸の氷床の下はまだまだ謎が多いようです。

　同じ1994年の会議では、もう一つのトップニュースがありました。アメリカの隕石研究者が、南極で採取された火星起源の隕石を分析した結果、生命体を発見したとの発表があり、地元の新聞やアメリカ、イギリスの新聞も一面トップで報道しました。しかしこの発見はその後の解析で、生命の存在を示すものではないとの結論になりました。

　1960年代、日本が保有する隕石は20数個でした。この時代アメリカが世界最大の隕石保有国でしたが、それでも2,000個程度でした。ところが1969年に昭和基地から出発して内陸調査をしていた日本の雪氷研究者たちが、内陸の氷床表面の雪が飛ばされている蒼氷地帯で偶然9個の石を発見し、帰国後その石が隕石とわかり注目を浴びるようになりました。日本の南極観測隊はその後隕石探査計画を実施し、南極で合計2万個近い隕石を採集し、世界有数の隕石保有国になりました。

　日本の隕石探査計画を知ったアメリカは日本に協力を求め、日米共同の隕石探査が実施され、アメリカも同じように2万個近い隕石を保有するようになりました。南極で採集された隕石と、アポロ計画で採集された月の石の成分比較から、隕石の中には月起源の隕石が含まれることがわかり、月隕石と総称されています。同様に火星のスペクトル分析から火星起源の隕石も確認され、最初に記した研究発表がなされたのです。

　日本の昭和基地では1966年から気象観測の一環としてオゾンの観測を実施していました。その結果1982年にはイギリスのハレー基地とともに、オゾン量の急激な減少を観測し、オゾンホールの発見に貢献しています。

　南極観測はそれぞれ目的を持って観測や調査を実施しています。研究者や観測者たちはそれぞれの分野で、相応の成果を上げています。しかし、氷底湖の発見、隕石の発見、オゾンホールの発見は誰も予想していなかったことです。私は偶然に達成されたこの三つの発見を「南極三大発見」と称しています。そして三大発見のうちの二つに日本隊が関与しているのです。これは日本の大きな国際貢献の一つと誇りに思っています。

　昭和基地では基地開設以来、今日まで60年以上も気象観測や地震観測も継続し国際機関にデータを送り続けています。「地球上の一観測点」として国際貢献を続けています。

6.4 人間活動

　南極大陸は地球上唯一の人類が存在しない大陸です。人類の存在どころか大陸そのものの存在も長い間、疑問視されてきた大陸です。南極大陸に初めて接近したのはイギリスのジェームス・クックでした。彼は「未知の南の陸地」の発見を目指し1772年にイギリスを出港し、1773年1月17日11時15分、東経39度線で南緯66.5度を越えて初めて南極圏に入りました。その場所は現在の昭和基地のほぼ真北の沖合になります。彼らはそのまま東に進路をとり、冬を迎えたので北（低緯度）のタヒチやニュージーランドを訪れています。1773年12月、クックは再び南下して西経150度から東の南極圏を航海しました。

　1774年1月30日、彼らは西経106度54分、南緯71度10分地点に達し、最南点となりました。その後も東進を続け、サウスサンドウィッチ諸島を発見して帰国しました。クックのこの航海はすべての経度線を横切る世界一周の旅を高緯度で実現したことになります。

　クックは航海中に視認したテーブル型氷山が南の陸地から流れ出したと考えたようですが、そこに陸地があるにしても南緯60度よりも高緯度にあり、人々が期待し想像していた大きな大陸ではなく、雪や氷に覆われた不毛の地であろうと推定しました。

　南極大陸を発見したのは19世紀になり、イギリスや当時の若い国アメリカからのアザラシ狩猟船や捕鯨船の乗組員たち、またベリングスハウゼンが率いるロシアの1819～22年の調査隊でした。イギリス、アメリカ、ロシアはそれぞれの実績により、南極大陸を発見したと主張しています。どの国が最初かは新しい資料でも出ない限り決着はつきそうもありませんが、1820年前後の約1年の間に、未知の南の国の存在は明らかになりました。

　1841年1月、イギリスのジェームス・ロス隊は南磁極を探すためにエレバス、テラの2隻の船で、現在は彼の名を冠してロス海とよばれている海域を南下していました。南磁極は西側の陸上にあることがはっきりし、さらに南下を続けると1月27日、前方に島影を認めました。近づくと雪と氷の南極に火を噴く火山を発見したのです。ロスはその火山にエレバス、左側（東

側）の山をテラと命名しました。

1899 ～ 1900 年にかけてイギリスの援助で探検隊を組織したノルウェーの植物学者ボルクグレヴィンクはアデア岬のロバートソン湾に小屋を建て越冬し、付近一帯を調査しました。南極大陸で初めて人間が冬を越したのです。

20 世紀に入ると南極は英雄時代を迎え、数々の探検がなされました。イギリスのスコット隊、シャクルトン隊などは南緯 77.5 度のロス島で越冬し、冬には－50℃になる気温が観測され、その自然環境がわかってきました。

1910 年から 12 年、ロス海付近にはイギリス、ノルウェーそれに日本の探検隊が南極点を目指して活動していました。1911 年 12 月 14 日、アムンセン率いるノルウェー隊が南極点に到達、1912 年 1 月 17 日、スコットのイギリス隊も到達しました。白瀬隊はロス棚氷上を南緯 80 度 05 分に達しています。南極点到達がなされ、南極大陸の内陸の姿が明らかになってきました。

20 世紀になり、南極大陸は探検調査に実績のある国々により領土権が主張され始めました。実績のあるアメリカとソ連（ロシア）は南極大陸が氷に覆われていてそこに潜在する地下資源の利用はできない、つまり南極大陸か

写真 6.4-1　**1980 年代の昭和基地**

ら「富」は得られないという理由で領土宣言はしていません。オーストラリアとニュージーランドはイギリスの探検の実績を引き継ぎ、それぞれの国の南にある地域の領有を宣言しています。アルゼンチンとチリはやはり宗主国のスペインの権利を引き継いで南極半島を中心に領有を宣言しており、イギリスと3カ国が重複しています。南極の領土権は海岸から南極点を中心に扇形に主張されていますが、ノルウェーは露岩地帯を中心に沿岸地域だけを主張しています。

　20世紀後半になっても南極大陸は海岸線もはっきりしない未知の大陸のままでした。1957年7月1日から始まる国際地球観測年では南極観測に重点を置くことにし、12カ国が参加し、南極大陸内に基地を設け観測や調査

写真 6.4-2　**日本隊の野外調査**. 昭和基地の南 160 km に位置するボツヌーテンの地質調査

を開始しました。

　日本は与えられた地域のエンダビーランドのリュツォ・ホルム湾のオング
ル島に建物を建設し、以来 4 年間の中断はありましたが、今日まで観測調
査を継続しています（写真 6.4-1、6.4-2）。

　12 カ国で始まった南極観測は、その後参加する国が増え、2018 年では
30 カ国が 98 基地を設けています。そのうち 41 基地が越冬基地で通年人が
滞在しています。57 基地が夏だけ観測隊員が滞在する基地です。

　地球上の大陸の中で、南極大陸以外の各大陸は遅くても数万年前からは人
類が居住をしていました。しかし南極大陸だけは 19 世紀の終わりまでは、
人類の足跡はありませんでした。南極観測が始まって以来、南極大陸は各国
の観測隊が越冬し、厳冬期でも数百人から 1,000 人近い人々が生活する場
になっています。しかし、そこに定住する人はいません。

6.5　南極条約

　1958 年 12 月に国際地球観測年が終了すると、各国の科学者たちはその
成果から南極観測の継続を熱望しました。観測を継続するとなると領土権の
問題が浮上します。昭和基地はノルウェーが領有している地域です。国際地
球観測年という目的で期間を区切って基地の建設を認めても、そこで日本が
昭和基地を維持し続けるとすれば、ノルウェーの主権を侵していることにな
ります。アメリカは科学者たちの要望を受け、南極の平和利用を目的にした
条約を結ぶことを南極観測に参加している 11 カ国に提唱しました。科学者
の要望を受け外交官たちが動き、1959 年 12 月 1 日、各国の代表により南
極条約が署名され、1961 年 6 月 23 日に発効しました。条約は 30 年間の
期限で始まりましたが、その後も異議を唱える国はなく、現在も継続してい
ます。継続どころか南極条約に加盟する国は 50 カ国以上に増えているので
す。南極条約は南緯 60 度以南の地域に適用されます。

　南極条約の加盟国は南極で起こるさまざまな課題を検討、解決するために
南極条約協議国会議を組織し、検討を続けています。同会議からは多くの勧
告や決議が発せられ、各国は国内法などを整備して対応しています。南極海

のオキアミなどの海洋生物資源に関しては「南極あざらし保存条約」、「南極の海洋資源の保存に関する条約」などが採択され発効しています。

1998年に「環境保護に関する南極条約議定書」が発効されました。この議定書によって南極での地下資源を探査することが50年間禁止されました。

この議定書に関連して日本では国内法の「南極地域の環境保護に関する法律」が制定されました。観測隊も、南極での活動計画を事前に提出して環境を汚染しないか確かめられるようになり、観測隊員も小石一つでも許可なく持ち帰ることはできなくなりました。現在は観光で南極を訪れる人も出発前に環境省に申し出て許可を受けねばなりません。

南極条約議定書により、南極への動物の持ち込みも禁止されました。たとえばニュージーランド隊は基地開設以来、輸送手段として犬ぞりを用いていましたが、現在は使用していません（写真6.5-1）。南極では過去の探検隊の遺した建物などは南極の史跡として保存することになっています。

エレバス火山のあるロス島には、スコットやシャクルトンの使用した小屋が100年の時空を超えて現在も保存されています。エバンス岬にあるスコット小屋は1911年11月にスコット一行が南極点を目指して出発した小屋です（写真6.5-2）。スコット基地の隊員により内部もきれいに保存されており、スコット以下各隊員の使用していたベッドや仕事場にもそれぞれの名札が置かれています。事前に連絡すれば観光客も内部の見学が可能です。

スコット隊はアムンセン隊から1カ月遅れで、南極点に到達しましたが、そこで見たのはアムンセン隊の遺したテントとアムンセンからスコットに宛てた手紙でした。アムンセンは帰路の事故に備え、南極点に到達した事実をスコットに託したのです。

失意の中でスコット一行は帰路につきましたが、彼らの輸送手段として準備したポニーは往路のうちにすべて失い、人力でそりを引いていましたが、復路も同じでした。往路と同じく南極氷原からアドモア氷河を下りロス棚氷を北上して越冬基地を目指しました。南極の自然はスコット一行に厳しく、出発前に用意した食料と燃料のデポ地点まで20 kmの距離にまで戻ったときにブリザードに遭遇し、その停滞地点で全員不帰の客になりました。

越冬基地の小屋に残った隊員は、現在はマクマード基地のオブザベーショ

写真 6.5-1　ニュージーランド隊の犬ぞりとエレバス火山

ンヒルとよばれている丘に登り、スコットらの帰還を待っていましたが、願いはかないませんでした。現在丘の上にはスコットら 5 名の名を記した十字架が立てられ、南極史跡となっています（写真 6.5-3）。

写真 6.5-2　ロス島・エバンス岬のスコット小屋（南極史跡）. 背後はエレバス火山

写真 6.5-3　ロス島オブザベーションヒルのスコット隊追悼の十字架（南極史跡）

第7章

7

島　嶼

ニューカレドニア

7.1　太平洋の島々

① 太平洋を取り囲む海溝と地震帯、火山帯

　太平洋は縁海を含めるとその面積は地球上の全海洋の50％を占めています。その海底は太平洋プレート、フィリピン海プレート、オーストラリアプレート、ココスプレート、ナスカプレート、そしてベーリング海やオホーツク海は北アメリカプレート上にあると考えられています。なおオホーツク海はオホーツクマイクロプレートと主張する研究者もいますが、本書では日本列島のフォッサマグナから北東側を含め北アメリカプレートとしておきます。

　中心となる太平洋プレートは南アメリカ大陸西岸沖の東太平洋海嶺で湧き出しています。東側へ進んだプレートはナスカプレート、さらに北方ではココスプレートがあり南アメリカ大陸の下に沈み込んでいます。北から西に向かった太平洋プレートは北アメリカプレートとは衝突することなく横ずれ断層を形成しながら北方へ進みアラスカからアリューシャン列島を形成しながら北アメリカプレートの下に沈み込んでいます。この東側海域でのプレートの移動速度は毎年5 〜 6 cm 程度と測定されています。

　太平洋プレートの沈み込みはさらに西へと移り、カムチャツカ半島から千島列島、日本列島へと続き、伊豆・小笠原諸島からマリアナ諸島ではフィリピン海プレートの下に沈み込みます。さらにニューギニアからソロモン諸島、サモア、フィジーを経てニュージーランドへと続きます。カムチャツカ半島付近から南太平洋付近までのプレートの移動速度は年に8 〜 9 cm 程度と測定されています。

　伊豆・小笠原諸島、マリアナ諸島の西側の海はフィリピン海プレートで、南端のフィリピン海盆付近で湧き出し北上して日本列島に衝突、ユーラシアプレートの下に沈み込んでいます。

　このように太平洋の周辺のほとんどの大陸沿岸は、プレートの沈み込み地帯で、海底は地球内部に引き込まれるので海溝が形成されます。世界のおもな海溝は22海溝ありますが、そのうち20海溝は太平洋の沿岸で形成され、プエルトリコ海溝とジャワ海溝の2海溝が太平洋に接した外側の海域に位置しています（図1.5-1）。

　20海溝のうち南アメリカ大陸西岸に接しているペルー海溝、ペルー・チリ海溝は、南アメリカプレートと衝突する形で太平洋岸に沿って北から南へアンデス山脈を形成しながら、沈み込んでいます。北アメリカプレートとのプレート境界はトランスフォーム断層ですが、北アメリカ大陸の西岸にロッキー山脈を形成しています。太平洋プレートは北アメリカプレートとベーリング海で衝突し、アリューシャン列島の島弧を形成しながらその下に沈み込んでいます。

　ほかの17海溝はすべて太平洋の西側に沈み込んでいます。長さも1,000 kmを超え、最深部が1万mを超えるのがマリアナ、フィリピン、トンガ、ケルマデックの4海溝です。

　プレートの沈み込み口の海溝は同時に地震の多発地帯で、日本列島では1000年一度と言われるマグニチュード（Mw）9クラスの超巨大地震が発生しています。この発生をみると、環太平洋地震帯のどこかで10年に一度ぐらいの割合でMw9クラスの地震が起きており、「1000年に一度」よりは頻度が高そうです。

　この環太平洋地震帯の特徴は、プレートが沈み込んでいるので100 kmよりも深い地震も発生していることです。地球上でこのような深い地震が発生しているのも、ヒマラヤや地中海付近を除けば環太平洋地震帯だけです。

　プレートの沈み込みとトランスフォーム断層のプレート境界とで南北アメリカ大陸の太平洋岸は造山帯となり5,000〜6,000 mのロッキー山脈、アンデス山脈が形成され、その間の中央アメリカも高地でつながっています。アリューシャン列島から日本列島、台湾からフィリピンにかけても太平洋プレートとフィリピン海プレートによって島弧が形成されています。

　プレートの沈み込みによって噴出したのが火山です。南北アメリカ大陸の太平洋岸には火山も並んでいます。またアリューシャン列島からカムチャツカ半島、千島列島、日本列島、さらに伊豆・小笠原諸島、インドネシアから南太平洋の島々と火山が並でいます。環太平洋火山帯です。

　このように太平洋の沿岸地域のほとんどは海溝が形成され、それに伴って地震活動が活発で深い地震も発生している環太平洋地震帯であり、活発な火山活動のある環太平洋火山帯を形成しています。

② ハワイ諸島

　ハワイ諸島は北緯 19 〜 22 度、西経 155 〜 161 度に位置するニイハウ、カウアイ、オアフ、モロカイ、ラナイ、マウイ、カフラウエ、ハワイの 8 島からなるアメリカ合衆国の島だけの州です。北西端のニイハウ島から南西端のハワイ島まで 600 km の火山列島です。

　ハワイ諸島はプレートテクトニクスの教科書的な場所で、火山列島はホットスポットによって形成されています。現在のホットスポットの湧き出し口はハワイ島付近ですが、太平洋プレートが北西方向に移動しているので、西側の島ほどその形成年代が古くなります。ハワイ島は「ビッグアイランド」とよばれるようにハワイ諸島の最大の島です。

　ハワイ諸島の北西側の延長線上の海底には海山がほぼ直線上に並び、ミッドウェー諸島付近からは北北西方向に向きを変え 2,500 km の天皇海山列がカムチャツカ半島付近まで連なっています。天皇海山の形成は 7000 万年前頃からと推定されています。また北北西方向に移動していたプレートが、北西方向に向きを変えたのが 3000 万年前頃、ちょうどミッドウェー諸島が出現した頃です。この一連の海山のつながりをハワイ―天皇海山列と称します。

　天皇海山列は北西太平洋海山列ともよばれ、推古海山、仁徳海山のように日本の歴代天皇の名が付いた火山列です。生成年代や並び方に関係なく天皇の名前が付けられているので、年齢の古い海山が古い時代の天皇の名前がついているとは限りません。

　ハワイ諸島の北西端に位置するカウアイ島は直径 50 km 程度の諸島内で 4 番目の大きさで「ガーデンアイランド」とよばれるほど自然が豊かです。600 万年頃に出現し、当時は西側のニイハウ島とは陸続きでした。

　カウアイ島と日本の茨城県鹿島とはたがいに電波望遠鏡で結ばれ、超長基線電波干渉法によりおよそ 5,700 km 離れている 2 点間の距離が毎年約 6 cm 短くなっていることが明らかにされました。20 世紀の終わり頃からはつくば市の国土地理院内に電波望遠鏡が新設され、日本に近づいてくるハワイ諸島の動きが観測され続けています。

　噴火活動が終了して以来、今日まで数百万年の間にカウアイ島は貿易風と

太平洋の水蒸気による熱帯の風雨にさらされ、島全体が侵食を受けるとともに飛来した動植物が生育するようになり、固有種も存在しています。西側の海岸線の中でもナパリコーストは、高さが 900 m の岩肌が露出する絶壁の斜面に侵食で出現した尖塔が並び、特異な景観を呈し、映画「ジュラシックパーク」のロケもなされました。東側の「シダの洞窟」は 4 〜 5 世紀頃に渡来したと言われるポリネシア系の人々の神聖な場所として保存されています。

　カウアイ島の東南東 200 km に位置するオアフ島には州都ホノルルが位置しています。ハワイ諸島 3 番目の広さのオアフ島は 400 〜 500 万年前頃に形成された火山島でワイキキビーチのシンボル「ダイヤモンドヘッド」や国立墓地になっているパンチボウルは円形の噴火口の跡が鮮明に残っている場所です。南部地域は沼地だった地域で埋め立てが進みホノルルの市街地が形成されましたが、その中心地域が真珠湾です。太平洋津波警報センターが真珠湾に設置されており、太平洋で起こる地震を監視し、津波に関するいろいろな情報を沿岸各国へ通報するシステムになっています。

　マウイ島は 2 番目の広さの島で、東側にある最高峰のハレアカラ（3,055 m）は活火山です。山頂付近には水蒸気の少ない環境を利用して天文台が建設されています。また火山体を含む付近一帯は国立公園に指定されています。過去 1000 年間に何回も噴火が繰り返されていますが、最後の噴火は 1790 年頃と推定されています。噴火は繰り返されていても、流出する溶岩の量は極めて少なく晩年期の活火山です。山頂付近西側には長さ 11 km、幅 3 km、深さ 800 m のハレアカラクレーターが広がっています。

　諸島南東端に位置するハワイ島は 100 万年前頃から形成されている最も若い島で、現在でも火山活動によって地形が変化を続けている、最大の島です。

　ハワイ島は北のコハラ、西のフアラライ、中央北部のマウナケア（4,205 m）、南部のマウナロア（4,170 m）、南東のキラウエア火口（1,222 m）の 5 つの火山が合体してできた三角形の形をした島です。ハワイ島の溶岩は黒っぽい玄武岩質で粘性が低いので流れやすく広く分布します。このため標高が 4,000 m を超えるマウナケア（ハワイ語で「白い山」）、マウナロア

（同じく「長い山」）でも、その形はのっぺりとした楯状火山で、とても富士山より高い山のようには見えません。ハワイ諸島付近の海底は水深 5,000 m の海平原で、海底からの高さは 9,000 m を超えることになります。

　マウナロアの東側にはキラウエアがあり、地球上でも最も活発に活動している火山です。直径 4 km のカルデラの中には直径 1 km のハレマウマウ火口があります。ハワイの伝説ではハレマウマウは「火山の女神ペレ」の現在の住み家とされ、この女神はオアフ島からマウイ島に移りさらにこの地に住むようになったと、ハワイ列島形成史が語っています。

　キラウエアの溶岩原ではドロドロに溶けて縄状のテカテカに光るような固まりになった溶岩をパホエホエラバ（写真 7.1-1）、ガスが抜け表面がザラザラ、ガサガサな溶岩はアアラバ（写真 7.1-2）とよばれます。キラウエア火口の西側にはジャガー博物館があり、キラウエア火口全体が見渡せる絶景の場所となっています。

　マウナケアは冬には積雪がありますが、4,000 m と高いので年間 300 日の晴天、空気は清浄で山麓にもほとんど人家がなく人工的な光による障害がないので、現在は 11 カ国が天文台を設置し、日本の国立天文台もすばる望遠鏡を設置した 1999 年以来、日夜観測を続けています（写真 7.1-3）。口径 8.2 m の光学赤外線望遠鏡は「初期宇宙のブラックホールの発見」をはじめ宇宙の神秘の解明に数々の成果を上げています。

　ハワイ島の南東端には溶岩樹州立公園があります。流れ出した溶岩が立木にこびりつき立ち枯れして、林のように林立しています。

　東海岸のヒロは湾奥に開けた市街地ですが、1960 年のチリ地震津波では海岸に面していた家屋はすべて破壊され、そこには建物は再建されず公園になっています。

③ ガラパゴス諸島

　ガラパゴス諸島はエクアドルから西へ 1,000 km、西経 90 度、赤道を挟み南半球と北半球に点在する 13 個のやや大きな島と 6 個の小さな島や多くの岩礁からなる火山島群です。最北のダーウィン島と最南のエスパニョラ島の距離は 220 km です。

　1535年にパナマのスペイン人司教が航行中に遭難、漂着し、大型の陸亀を発見し、ガラパゴス（カメの島々）と命名しました。1831〜36年にビーグル号で世界一周をしていたイギリスの自然科学者チャールズ・ダーウィンは1835年にガラパゴス諸島を訪れ、5週間滞在して各島を調査し、ホオジロの仲間の小鳥フィンチが諸島内の島ごとに、異なった独自の進化をしていることに気が付きました。到来当初は一種だったフィンチが大きさや羽毛の色彩が異なる13種に分化しましたが、最大の特徴はそのくちばしの違いです。

　日本ではムシクイ・フィンチとよばれる仲間は昆虫を捕獲しやすいように細長いくちばし、キツツキ・フィンチは木の幹を突っつき穴があけやすいような丈夫なくちばし、オオガラパゴス・フィンチは固い種子を割って食べられる大きなくちばしです。個体数が増えるに従い、限られた餌を争うことのないように、このような分化を遂げ進化をしてきたとダーウィンは着想したのです。

　1859年に出版された『種の起源』にはその成果が反映され、進化論の着想を得たとされています。その功績を記念して中心地サンタクルス島のプエルトアヨラにはダーウィン研究所が設置されています。

　『理科年表2023』にはフェルナンディナ（フェルナンディナ島ラクンブレ山〔1,476 m〕）とイサベラ島のシエラネグラ（サントトーマス山〔1,124 m〕）の二つの火山が掲載されています。フェルナンディナ島やイサベラ島にはカルデラが形成され、現在も噴火を繰り返す活火山です。ガラパゴス諸島はココス（マイクロ）プレートの南西端に位置し、南側のナスカ（マイクロ）プレートの北西端に接する、環太平洋火山帯に属します（写真7.1-4）。

　この海域は南アメリカ大陸の西岸沿いを北上してくる冷たいペルー海流が西向きに流れを変える海域で、赤道直下にありながら、海水温は15℃、気温25℃程度と低く、降水量も少ないです。

　ガラパゴス諸島の島々の形成は500〜200万年前に火山噴火で出現した溶岩の島です。現在でも溶岩の陸地は乾燥しており、サボテンが生え、そのサボテンをリクガメが食しています。エクアドルの海岸からでも1,000 km

写真 7.1-1 ハワイ島のパホエホエラバ（溶岩）

写真 7.1-2 ハワイ島のアアラバ（溶岩）

写真 7.1-3　**マウナケアの頂上にある天文台.** 中央奥の四角い建物に「すばる望遠鏡」が設置されている

写真 7.1-4　**ガラパゴス諸島のイザベラ島.** 黒っぽく見えるのが噴出した溶岩

あるガラパゴス諸島へ生物はどのようにしてやってきたのでしょうか。

　植物の種子は風に乗ってきたのもあるでしょうし、飛来した鳥の糞や体に付着してやってくるものもあったでしょう。その鳥類にしても長距離の飛行に耐えられた種類だけが到着し、棲む着いたのでしょう。長時間の絶食に耐えられない哺乳類もネズミやコウモリ以外には生息せず、昆虫も少なく、真水に棲む両生類は一種も確認されていません。

　ようやく島にたどり着いた動植物は厳しい自然環境に少しずつ順応しながら進化して生き抜いたのでしょう。ガラパゴス諸島にしか見られない固有種は植物がおよそ 220 種、鳥類 77 種、爬虫類 29 種を数えます。

　ガラパゴスを象徴するのが最大の陸亀「ガラパゴスゾウガメ」で、平均寿命は 100 〜 150 年と推定され、甲羅の長さが最大 1.5 m、体重は 200 〜 300 kg になります。島々でそれぞれ特有の進化をしていますが、すでに絶滅した種もあります。大別すると甲羅が首の上まで張り出している「くら型」と丸みを帯びて張り出し部分のない「ドーム型」になります。くら型は森林生活に適応するために首が長く発達し、地上 1 〜 2 m の高さの若葉を食することができます。足は文字通りゾウの足と同じように円柱でがっしりとしています（写真 7.1-5）。

　ガラパゴス諸島を象徴する動物の一つがウミイグアナです。南アメリカ大陸に棲息するイグアナはすべてリクイグアナですが、天敵のいないガラパゴス諸島ではその個体数は増加し、その中から海で生活できる種が現れたのでしょう。恐竜よりはるかに醜い顔つきで体調は 1.2 〜 1.5 m 程度ですが性格はおとなしく、尻尾は平たく、水中での推進力が得やすいように進化しています。おもに冷たい海に潜って海藻を食しますが体温調整のできない爬虫類のため、食餌のとき以外は海岸の岩場に張り付いて日向ぼっこをしています。フェルナンディス島が最大の生息地ですが、泳ぎができるのにほかの島へ移動しません。またリクイグアナとの交配も認められません。

　フェルナンディス島には小型のガラパゴスペンギンのルッカリーもあります。ペンギンの仲間は南極から赤道まで分布しているのです。独自の進化を成し遂げた動物たちの楽園は 1978 年にユネスコの世界自然遺産に登録されました。現在ガラパゴス島を訪れるときには入島税が必要です。

④ イースター島（ラパ・ヌイ）

　イースター島は南緯 27 度 07 分、西経 109 度 22 分付近の太平洋上に海底火山が噴き出て形成され、火山活動を終えた孤島です。ナスカプレートの南側の境界を形成するイースター断裂帯に沿って噴出した火山島で、75 万年前頃に形成され、最後の噴火は 10 万年前と推定されていますが、20 世紀前半に水蒸気の噴出が認められたという報告があります。溶岩はハワイやガラパゴスと同じ玄武岩質です。タヒチの東方 4,000 km、チリの西方 3,700 km に位置し、チリ領で首都のサンチャゴから 5 時間の飛行で到着します。

　島の周囲は 58 km、面積 165 km² で、およそ 3 分の 1 が国立公園に指定され、世界文化遺産にも登録されています。島の北側にあるテレパカ（510 m）が島の最高地点で、島全体は比較的平坦で噴火口跡の窪地や火口池が点在し、海岸線は絶壁に囲まれ砂浜はほとんどありません。

　4 月から 10 月までが乾期、11 月から 3 月頃が雨期ですが、年間の降水量は 1,250 mm 程度、平均気温は 27℃、ペルー暖流の影響で水温は 26℃程度です。乾燥した気候でバナナやサトウキビの栽培は可能ですが、河川がなく灌漑もできないので、ポリネシアの人々が主食としているタロイモの耕作はできません。

　この島に人類が到着したのは 4 世紀頃と推定されていますが、9 世紀もしくは 13 世紀との説もあり、謎が多いです。いずれにしてもポリネシア系の部族が酋長を中心に渡来したと考えられています。1722 年のイースター（キリスト教の復活祭）の際に発見されたことから、現地人がラパ・ヌイ（広い島）とよんでいた島をヨーロッパ人はイースター島（スペイン語ではパスクア）とよび世界に広がりました。

　南太平洋で小さな島を発見し、上陸したオランダの海軍提督ヤーコプ・ロッヘフェーンたちは、海岸に並ぶ 1,000 体のモアイの前で焚火をして地に頭をつけて祈る人々を目にしています。1754 年、イギリスのジェームス・クックも上陸していますが、倒れたモアイ像があるものの半数は直立していたと記しています。

　18 〜 19 世紀、ペルー人による奴隷狩りが行われ、1862 年には島民の半

数にあたる 1,500 人が島外に拉致されたと言われています。さらに、文明人によって持ち込まれた天然痘や結核により 1872 年の人口は 111 人にまで減少しました。この時点でロンゴ・ロンゴ文字をはじめとする島の文化の継承は断絶しました。

モアイは狭い額に窪んだ眼窩、その間にぐっと伸びた鼻、その下の直線的な口元、長い耳、ぐっと張った顎、足のない胴体、その両側に張り付くように伸びる腕と長い指の石像です（写真 7.1-6）。暗灰色の凝灰岩に巧みに刻まれた石像の多くは高さが 5 ～ 6 m、重さが 20 トンほどですが、大きな像になると高さが 10 m、重さに 90 トンになります。

頭に赤い色の帽子「プカオ」を乗せたモアイもあります。製作地から運び、立てる前に眼窩を刻み、白目の部分に白いサンゴ石、黒目の部分に赤い火山岩の目玉を組み合わせたと推定されています。

欧米の研究者たちがモアイについていろいろ仮説を立て、その成り立ちを解明してきました。そうしてまとめられた平均的な推測が以下のようです。

彼らは部族の酋長に率いられ 2 隻のカヌーで到来し、島の北側で白い砂浜があるアナケナ湾に上陸しました。火山噴出物に覆われた不毛の土地を耕し、食料として持ってきた作物を植え、家畜を放し、森を開墾し、小さな船をつくり漁もしました。日々の生活が安定してくると、人々は心の安寧を求めポリネシア風の祭壇「アフ」を築き出し、人口が増え出すと集落が増え、それぞれの集落ごとにアフがつくられました。

7 ～ 8 世紀頃になると、海岸線に平行に石を積んだ長方形の祭壇だったアフの上に小型のモアイが置かれるようになりました。モアイは集落に向かって置かれ、アフの正面が集落を向く、つまりモアイは海を背にして建てられ、11 世紀には大型のモアイもつくられるようになりました。

その後の調査でアフからは人骨が発見され墓地であることがわかりました。したがってモアイはそれぞれの集落の先祖を示す象徴的役割を担うとともに、その集落を守っていると考えられています。モアイとアフは一体となった神聖な場所なのです。

大型化していったモアイは 15 世紀頃に突然つくられなくなりました。島は森林に乏しいため、使える木がなくなったからではないかと推測されてい

写真 7.1-5　**最大のリクガメ**. くら型の甲羅が特徴のガラパゴスゾウガメ

写真 7.1-6　**アフ（祭壇）の上に建つモアイ**. 右から 2 番目は「プカオ」を乗せている

ます。荒れ地の小さな火山島で人口が増加し、環境や生態系が破壊され、モ
アイを製作し、運ぶための木材も得られなくなったのです。貧弱な火山土壌
では森林の回復も思うに任せぬ孤島の悲劇です。

　それに加え、島全体で食糧不足が深刻になり、18 世紀頃からは耕作地や
食糧をめぐっての集落間の争いが起き、敵対する村を襲撃し、勝利の証拠と
してモアイを倒したと考えられています。しかもモアイは霊力を封じる目的
でうつ伏せに倒されました。1722 年にオランダ人たちが見たときには立っ
ていたモアイが、1754 年にイギリス人たちが見たときは半分ぐらいが倒れ
ていた事実から、1700 年代中期が、ラパ・ヌイの混乱期だったのでしょう。
そして奴隷狩りも重なり、人口減少で島の存続も危険になっていたのです。
ラパ・ヌイはそんな混乱の時期に、ヨーロッパ人に発見されたのです。

　現在、島の中のあちこちでモアイが立っています。日本企業がクレーンを
使って起こした結果、現在、その地を訪れた人々は当時の姿を見ることがで
きるようになりました。

　島の東部中央付近のラノ・ララクは直径 550 m の噴火口の跡ですがモア
イ製作工房でもありました。噴火口を形成する凝灰岩の岩盤をより固い花崗
岩の斧で像を刻んでいきました。付近一帯には製作中に放棄された岩盤に顔
面だけが彫られた未完成のモアイや座ったモアイなどが点在しています。

　頭部に乗せるプカオは鉄分を含み赤茶けた凝灰岩が存在するプナ・パオと
いう別の工房で製作し、いくつかはそこに放棄され残されています。

　モアイとともにイースター島には貴重な文化財が存在することが、1864
年に、キリスト教の伝導に来たフランス人伝道師によって発見されました。
それは木片に刻まれた表意文字で「コハウ・ロンゴ・ロンゴ（ロンゴ・ロン
ゴの語り杖）」とよばれ、20 本しか残っていません。その文字が読める人も
奴隷狩りで連れていかれ、島には一人もいませんでした。ポリネシア圏内に
は「文字」は存在しないと考えられていたので、人類の文化的大発見ですが
現在でもその意味は不明です。

⑤ 南太平洋の島々

　地形図を見ると南太平洋の海域には大小無数ともいえる島々が並んでいま

す。これらの地域はその民族や風土の違いなどから、1932 年にフランスの
デュモン・デュルビルによってミクロネシア、メラネシア、ポリネシアに区
分されました。ネシアは古典ギリシャ語でネシ（島）の複数形で島々、諸島
を意味する接尾語です。ミクロネシアは「小さい諸島」、メラネシアは「黒
い諸島」、ポリネシアは「多い諸島」を意味します。インドネシア、ヤポネ
シア（日本諸島）、オキネシア（沖縄諸島）など複数言語との結合があります。

　3500 年前頃から人の移住が始まり、多くの遺跡が残されています。航海
時代からヨーロッパやアメリカの進出が始まり、現在でも、アメリカ領、フ
ランス領、イギリス領などの島々がある反面、独立国が増えています。たと
えばツバル（国土面積 26 km²）やナウル（同 21 km²）の人口は 1 万人、
パラオは 459 km² の国土に 2 万人が住む小国で、温暖化による海面上昇が
起こると国土の沈没が心配される島国なのです。

　太平洋プレート、フィリピン海プレート、インド・オーストラリアプレー
トの境界地域に相当し、火山島と隆起サンゴ礁の島々が並んでいます。大き
な島は火山島で標高の高い山もありますが隆起サンゴ礁の島々は平坦です。
長さ 2,550 km、最深部 1 万 920 m、幅 70 km のマリアナ海溝、最深部が
ともに 1 万 m を超すトンガ海溝やケルマデック海溝など 10 の海溝が並ん
でいる地域で、浅い地震、深い地震を含め地震の多発地帯です（図 1.5-1）。

　ミクロネシアはおおむね北緯 20 度から南緯 3 度、東経 130 〜 180 度の
範囲にある島々の総称で以下の 4 群島から構成されています。

　　マリアナ諸島（最大の島はグアム島、アメリカの準州）
　　カロリン諸島（ミクロネシア連邦、パラオ）
　　マーシャル諸島（アメリカが水爆実験をしたビキニ環礁など）
　　ギルバート諸島（ナウル、キリバス）

　日本の小笠原諸島から続くマリアナ諸島、パラオ諸島、ヤップ島などが
火山島で、標高数百 m の山が存在する島もあります。ほかの島々は小さく、
すべて隆起サンゴ礁の島です。ビキニ環礁は「ビキニ環礁核実験場」として
世界文化遺産に登録されています。

メラネシアはミクロネシアの南側で東経 180 度線より西側に位置するオーストラリア大陸の北から北東側の島々の総称です。ニューギニア、ビスマルク諸島、ソロモン諸島、フィジー諸島、ニューカレドニア島（写真 7.1-7）などを含みます。

　主権国家はパプア・ニューギニア（人口 762 万人）、フィジー（同 89 万人）、ソロモン諸島（同 56 万人）、バヌアツ（同 27 万人）で、天国に一番近いと書かれたニューカレドニアはフランスの特別共同体（海外領土）で、ニューギニア島の西側はインドネシア領です。

　ポリネシアはミクロネシア、メラネシアの東側、北西端のミッドウェー諸島からハワイ諸島、東端のラパ・ヌイ（イースター島）、南西端のアオテアロア（ニュージーランド・マオリ語）を結んだ三角形「ポリネシアン・トライアングル」の中にある島嶼の総称です。

写真 7.1-7　「天国に一番近い島」と小説に書かれたニューカレドニア

　領域内の主権国家はキリバス（人口 11 万人）、サモア独立国（同 18 万人）、ツバル（同 1 万人）、トンガ王国（同 11 万人）、ニュージーランドとの自由連合国のクック諸島（同 1 万 5,000 人）とニウエ（同 2022 年で 1,695 人）です。フランスの海外準県が 2 つのほかアメリカ、イギリス、ニュージーランドなどが領有する小島が点在しています。

　トンガ、サモア、マルケサス諸島など火山島は玄武岩質溶岩に覆われ、島の中央には高山が屹立しています。トンガでは活動的な活火山があり、しばしば噴火が繰り返され、ときには海底火山の噴火で新島が出現したり消滅したりを繰り返しています。

　トンガ諸島の東側には隆起したサンゴ礁の島々が並び、北東側のサモア諸島のうち、西経 171 度線を境界として、西側にサモア、東側にアメリカ領サモアが位置します。アメリカ領サモアはサンゴ礁の島々です。サモアは 2 つ火山島と 7 つの小島からなる国家です。

7.2　大西洋の島々

① アイスランド

　大西洋の北部、北緯 65 度、西経 20 度付近に位置するアイスランドは、島の北端が北極圏に入ります。ユーラシアプレートと北アメリカプレートの境界に、ホットスポットとして噴出した火山島です。

　870 〜 930 年頃にバイキングが入植して人の定住が始まり、その後、ノルウェーやデンマークの統治下になり、1944 年アイスランド共和国として独立しました。

　面積が 10.3 万 km²、人口は 36 万人、バイキングの子孫です。南西の首都レイキャヴィーク周辺が政治、経済、産業の中心地域です。北部のアーキュレイが第 2 の都市ですが、国内に鉄道はなく、島内の交通手段は航空機か自動車です。道路は海岸沿いに 1 万 3,000 km つくられていますが、8,300 km は未舗装です。内陸地域には道路もありません。

　南西のレイキャヴィークを中心に人口は集中し、残りは海岸沿いに点々と集落がある程度です。内陸域は火山噴出物が高地を形成し、氷河が点在して

います。島全体が火山性噴出物に覆われた荒れ地でしたが、入植が始まった頃には全土の25％が樺の森林が繁茂していました。開拓時代から森林が破壊された結果、現在の森林面積は国土の0.1％以下に減少しています。また、持ち込まれた家畜である羊は羊毛を目的に飼育が盛んに行われていますが岩木を主食とするため、国土の70％を覆っていた植生が現在は50％に減少し、表土の露出した荒涼とした景観になっています。

　島の南東域を占める最大のヴァトナ氷河は国土の8％で、ほかの氷河も含め、その総面積は国土の12％です。ヴァトナ氷河の南側に、最高峰のクヴァンナダールスフニュークル（2,119 m）が位置し、火山ですが活火山ではありません。海岸線にはフィヨルドが発達し、特に西部フィヨルドとよばれる地域はフィヨルドのオンパレードです。

　アイスランドは大西洋中央海嶺に1億数千万年前から噴出を続ける火山島です。2つのプレートは互いに離れるように移動していますので、アイスランドは東西に引っ張られ続け、島全体に南北に走るギャオとよばれる裂け目が無数に現れています（写真7.2-1）。一条のギャオは長さが数km、深さは10 m程度ですが、幅はまたぐことのできる狭いものから、20〜30 mの広いものまであります。

　アイスランドには『理科年表』に載る火山だけで10座、平地に点在する最近活動した噴火口の数は20〜30はあり、数年に一度の割合で噴火を繰り返しています。

　南東部に位置するラーキ火山（1,719 m）は1783年6月、25 kmの割れ目噴火を起こし、8カ月の間、史上最大規模の溶岩や火山灰を噴出し続け、570 km²の耕地、牧草地、居住地域を埋め尽くしました。溶岩台地が形成され、直径10〜20 m、高さも同じくらいの115個の噴火口が一列に並び、ラカギガル噴火口列とよんでいます。この噴火活動により牧草は全滅し、家畜も死に絶え、飢饉となり人口の20％の命が奪われる大惨事でした。

　その西側のヘクラ火山（1,490 m）には長さ25 kmの噴火口列があり、割れ目噴火を繰り返しています。エイヤフィヤトラヨークトル（1,651 m）の2010年の噴火では、火山灰によりヨーロッパの空港が6日間閉鎖されました。

　アイスランドではしばしば氷河の下から噴火します。すると氷河の氷が解けて、泥流となって流れ下り、被害を増大させています。1963年11月、南部沖合30kmの海底火山が爆発してスルツェイ島が出現し、世界自然遺産に登録されています。

　島内の至る所に地熱地帯があり、間欠泉も噴出しています。その中で最大が南西部にあるゲイシール間欠泉で、英語のガイサー（間欠泉）の語源になっています（写真7.2-2）。地熱地帯にある井戸状の穴に満ちている温泉水が地熱で暖められ蒸気圧が水圧を超えると、突如爆発的に熱湯を数十mの高さに噴き上げます。

　島内全体で豊富な地熱を利用し、地熱発電、地熱暖房などに有効活用をしています。レイキャヴィークにある「ブルーラグーン」は地下100mの深さから湧き出しているという温泉湖で、世界一広い露天風呂です（写真7.2-3）。人々は美肌効果があると言われている沈殿している泥を肌に塗り付け、温泉入浴を楽しんでいます。

　火山島は何処でも同じですが、溶岩の流出に伴い階段状の地形が多いため、滝が多いです。アイスランドにも多くの滝があり、ヴァトナ氷河から北に流れるスキャウルファンダフリョウト川には「神々の滝」とよばれるコーザフォスが落下しています（写真7.2-4）。

　大小さまざまな氷河湖が点在します。北に流れる北部のラクスアゥ川が溶岩の流れに堰き止められて生じたのがミーヴァトン湖です。大小50に及ぶ溶岩の島々が奇観を呈しています。

　ヘイマエイ島（283m）の1973年の噴火では、溶岩流が港に迫ったため、大量放水で冷却し流れの方向変更に成功しています。溶岩流からの防災の良い例とされています。

写真 7.2-1 ギャオ

写真 7.2-2 ゲイシール間欠泉

写真 7.2-3　世界最大の露天風呂「ブルーラグーン」

写真 7.2-4　アイスランドは島内に滝が点在している

② マカロネシア

　マカロネシアはヨーロッパや北アフリカに隣接する島々の総称で、ギリシャ語で「幸福の島々」を意味します。古代ギリシャの地理学者によってジブラルタル海峡の西側の島々を指して用いられ始め、現在に至ります。

　マカロネシアは以下の4諸島からなっています。

　　　アゾレス諸島（ポルトガル領）［ヨーロッパ］
　　　マデイラ諸島（ポルトガル領）［アフリカ］
　　　カナリア諸島（スペイン領）［アフリカ］
　　　ベルデ岬諸島（カーボベルデ領）［アフリカ］

　これらの島々は火山島で、大西洋中央海嶺とホットスポットが重複した火山列と考えられ、各島の動植物がそれぞれ特異な生態系を有しています。

　アゾレス諸島は北緯38度、西経30度付近に位置する9つの島々からなり、ポルトガルの首都リスボンから西におよそ1,500 km に位置します。15世紀にポルトガル人によって発見されて以来、入植が始まり、現在は諸島全体がポルトガルの一つの行政区で、全体の面積は 2,300 km²、人口は約25万人です。

　ユーラシアプレート内に生じたホットスポットによって形成された火山列島で、諸島内の最高峰であるピコ島（2,351 m）はポルトガルの最高峰でもあり、16世紀以降5回噴火、最新の噴火は1963年です。

　各島内には 16～18世紀の多くの建築物が残されています。中部の島の一つテルセイラ島のアングラ・ド・エロイズモの街の中心地域と同じくピコ島のブドウ園文化の景観が世界文化遺産に登録されています。

　マデイラ諸島は北緯32度、西経17度付近、リスボンの南西1,000 kmに位置しています。古代ローマ時代からその存在は知られていたようですが、15世紀にポルトガル人の入植が始まり、大西洋を航海する船の寄港地、ワインの生産地としても知られるようになりました。現在はポルトガルの自治州になっています。アフリカプレート内に噴出した海底火山が海上に現れた玄武岩質の火山島列ですが、活火山は存在していません。

最大のマデイラ島は $741\,km^2$ で、東西に長い形をしているルイボ（$1,862\,m$）が諸島内の最高峰です。マデイラはポルトガル語で「木」を意味し、年間平均気温が 20℃ 程度の温暖な気候に、多くの植物が繁茂し、花が咲き乱れ、ブドウをはじめフルーツが豊富です。南国情緒あふれる島は「大西洋の真珠」と称されています。マデイラ諸島の照葉樹林は世界自然遺産に登録されています。

カナリア諸島は北緯 28 度付近の西経 13 ～ 18 度の東西に並ぶ 7 つの島々です。最も近いアフリカ大陸のモロッコ王国の海岸からは 100 ～ 500 km の距離にあり、「大西洋のハワイ」ともよばれています（写真 7.2-5）。

古くからアラブ人、ノルマン人、ポルトガル人などの往来がありましたが、火山島の貧弱な土地で定着する人が少なかったようです。1982 年にスペインの自治領になりました。東側の 3 島と西側の 4 島がそれぞれ県を構成する 2 つの県からなる自治領です。7 島全域の面積が $7,447\,km^2$、人口は約 200 万人です。

カナリア諸島はアフリカプレートを突き破って水深 2,000 m の大西洋上に突き出たホットスポット型火山です。列島中央、テネリフェ島のテイデ（$3,715\,m$）はスペイン本土を含め最高峰です。列島の西端に位置するエルイエロ島（最高地点 1,500 m）付近では 2011 年 10 月～ 2012 年 5 月にかけて海底噴火が発生しています。その北のラ・パルマ島のクンブレビエハ火山では 2021 年 9 月 20 日、中腹から噴火が発生し、2 週間で前回 1971 年の噴火の 2 倍の溶岩が流出して山麓の集落に被害が出ています。西側 4 島の中央にあるラ・ゴメラ島のカラボナイ国立公園や最高峰が位置するテイデ国立公園は 2007 年に世界自然遺産に登録されています。

ベルデ岬諸島は北緯 16 度付近、西経 22 ～ 28 度付近に点在する 10 島（そのうち 1 島は無人島）といくつかの小島からなる火山列島です。アフリカ最西端になるセネガルのベール岬の沖合 600 ～ 900 km の大西洋上に北部のバルラベント諸島（風上諸島）、南部のソタベント諸島（風下諸島）の 2 つの列島に分けられますが、これらの島すべてが一つの国、カーボベルデ共和国を構成しています。

1495 年からポルトガル領となり入植が始まると貿易の拠点になり、コー

　ヒーやバナナなどのプランテーションが行われていました。1951年にポル
トガルの海外州になり、1975年にカーボベルデ共和国として独立し、西ア
フリカ国家の一員として今日に至りました。首都は南側のサントチアゴ島プ
ライアで、全島の面積は4,033 km²、人口は50万人程度です。

　全島がアフリカプレートに属するホットスポットの火山島群です。最も活
動的な火山は南側の西に位置するフォゴ島のピコ(『理科年表』ではフォーゴ、
2,829 m) で、諸島内の最高峰です。ピコ活火山の噴火は1690、1725、
1857、1951、1995、2014～15年などに記録されています。

写真 7.2-5 　「大西洋のハワイ」とよばれるカナリア諸島

7.3 インド洋の島々

① モルディブとセーシェル

　モルディブとセーシェルはともにインド洋の孤島ですが、その姿は大きく異なります。モルディブはインドやスリランカの南西に位置するアジア州に属するサンゴ礁の諸島群ですが、セーシェルはアフリカ州に属し、マダガスカルと同じようなゴンドワナの破片のような島がその中心です。

　モルディブには6世紀頃にセイロン（現在のスリランカ）から仏教徒が移住してきたのが人の居住の始まりで、12世紀にアラブ人が移住してイスラム教を伝え、改宗が進んだ現在はイスラム教が国教になっています。

　長い間、ポルトガル、オランダ、イギリスなどの保護領になっていましたが1965年に独立し、1968年には共和制になり、モルディブ共和国として現在に至っています。モルディブ共和国はモルディブ諸島全域を占め、南緯0度40分〜7度07分、東経72度〜74度、南北に細長い領域に26の環礁と人の住む200の島を含む1,200の島々から構成されています。国土の総面積は300 km²で59万人が住んでいます。

　諸島内の最高点が標高2.4 mで全体が平担な地形で、海面が1 m上昇すると国土の80％が水没すると見積もられています。このためインド、スリランカ、オーストラリアなどの土地を購入して、移住先を確保する計画もあるようですが、盛土をして水没を防ぐ計画のほか、海上都市の建設も検討されています。すでに人工島の建設は進行していて、人口の40％が住める島にすることを目指しています。

　モルディブは観光立国で、毎年全人口に匹敵する観光客が訪れています。基本的には一つの島に一つのホテルがあり、観光客はそれぞれの島を選択することになります。各島間の交通はドーネとよばれる木製ボートが主ですが、近年は高速艇も使用されています。

　セーシェルはアフリカ大陸から東へ1,300 kmに点在する115の島々からなり、北東のインナーセーシェルと南西に広がるアウターセーシェルに分かれます。7〜8世紀頃にはアラブ人が来航した記録があり、1502年のヴァスコ・ダ・ガマは第2回東インド航海で、アラブ人が島で活動しているこ

とを認めています。

18世紀にはフランスが領有権を主張、南のフランス領フランス島（現在のモーリシャス）の属領として、入植を開始し、それ以後セーシェルは日常的に人の住む島となりました。「セーシェル」という名前はフランスの政治家に由来しています。1794年にはイギリス海軍が占領し、1814年にモーリシャスとともにイギリスの植民地となり、さらに1903年にはモーリシャスと分離して単独の植民地となりました。

1976年にイギリスから独立してセーシェル共和国となり、総面積が455km²で人口約10万人です。インナーセーシェルは南緯4～5度、東経55度付近の東西70km、南北100kmの範囲に、首都のヴィクトリアが位置する最大のマヘ島が南端に、2番目に大きな島で1983年に世界自然遺産に登録されている「ヴァレ・ド・メ自然保護区」があるブララン島（最高点は367m）、ラ・ディーグ島（333m）などが並び、人口もこの地域に集中しています。それぞれの島の周囲にはサンゴ礁が発達しています。

これらの島々は、1億6000万年前から始まったゴンドワナの分裂で、マダガスカルやインド亜大陸とともに分離し、6800万～6500万年前にはインドとも切り離された陸地で、基盤岩は中生代の花崗岩で起伏に富み、降水量が多いので河川も多いです。

アウターセーシェルはインナーセーシェルの南から南西に広がる隆起サンゴ礁の島々のサザンコーラル、アミラント、アルフォンス、ファーカー、アルダブラの5諸島群から構成されています。アルダブラ環礁には多くの環礁が点在し世界第2位の規模を誇り世界自然遺産にも登録されています。環礁は4つの大きさの異なる島からなり、長さ40km、幅35kmの広さで、15万ものゾウガメやヤシの実を割るほどの力のある鋏（はさみ）が特徴的なヤシガニなどが守られた生態系の中で生息しています

セーシェルは6500万年前には孤島になったので、生物の大規模な流入が少なく多くの固有種が生存しています。政府もその保護に力を入れていますが、その一つがアブダブラゾウガメで、アルダブラ環礁と太平洋のガラパゴス諸島にしかいないゾウガメです。

② モーリシャス ——インド洋の真珠、火山島

　モーリシャスはインド洋のマスカリン諸島に位置しますが、1968年に独立したモーリシャス共和国はアフリカ国の一つに数えられています。マスカリン諸島は南緯19度58分〜20度32分、長さ610km、幅470kmの範囲にレユニオン、モーリシャス、ロドリゲスなどの島々が並んでいます。約1000万年前からのホットスポット型火山活動で出現した島々が侵食されて残った島の一つがモーリシャスです。

　モーリシャスは10世紀頃からアラビア人、さらにインド系の人々がその存在を知っていましたが、1505年にポルトガル人が初めて到達しています。1638年にオランダがインド航路の補給基地として入植を始め、当時の王の名前を島の名前にし「モーリシャス」はその英語読みです。植民地としたオランダはサトウキビを移入し、その労働者としてアフリカ大陸から黒人を連れてきて農園で使役していました。この間、島の固有種で飛べない大型の鳥ドードーが捕獲され続け、絶滅しました。しかし、オランダの植民統治はうまくいかず1710年には完全に撤退しました。

　オランダが撤退すると1715年に西隣のレユニオンを植民地化していたフランスが、モーリシャスの植民地化を計画、島の名前もフランス島としました。ポートルイスの建設などの開発、サトウキビのプランテーション化、アフリカからの奴隷の移入などで基盤がつくられていきました。

　1810年、モーリシャスはイギリスに占領され、1815年に正式にイギリス領になり、島名もモーリシャスに戻されましたが、イギリスは統治政策には手をつけず、イギリス本国からの入植は行われないままフランス時代の体制が続いていました。フランスの大農園主はそのままの体制で、言語もフランス語が主流でしたが、1835年にイギリス議会は奴隷解放を実施、それまで農園で働かされていた奴隷たちは自由を得ました。

　奴隷解放で不足した労働力を補うためにインド人の移入が始まりました。1861年にはインド人が島内最大数の民族となり、サトウキビのプランテーション、製糖業の発展、茶の栽培も開始されました。

　1968年には英連邦内の独立国となり、1992年から新憲法が発布され、当時のエリザベス女王を元首とする立憲君主制から大統領を元首とする共和

制に移行してモーリシャス共和国となり、国土にはモーリシャス島のほか東北東 560 km に位置するロドリゲス島も含まれます。

　さらに、ドードーの絶滅の教訓から国立公園、動物園、植物園などが整備され、動植物の保護、繁殖が進められています。植物園ではアマゾン産の巨大なオニバス（写真 7.3-1）や、ゾウガメなども見ることができます。最後の 1 羽となったドードーのはく製は首都ポートルイス（写真 7.3-2）の自然史博物館で見られます。2020 年に日本の貨物船の燃料流出事故が発生しましたが、美しいサンゴ礁の沿岸への被害は最小限に食い止められました。

　モーリシャスの全国土の面積は 2,040 km² で、周辺の島々を含め海岸はサンゴ礁に囲まれ、全人口は 120 万人程度です。モーリシャスの面積は 1,865 km² です。火山島ですが活動は終わり、最高点の標高も 828 m で、島全体としては海岸部の平野と標高 200 m 程度の高原部に分けられますが、全体に平坦な島です（写真 7.3-3）。

　ポートルイスから南東へ 20 km、高原地帯の中心部のキュールピップ市街地の西にある小山の頂上にはトゥル・オ・セルフ（フランス語で「鹿の穴」）

写真 7.3-1　首都ポートルイスの植物園で見ることができるオニバス

写真 7.3-2　近代化したポートルイス

写真 7.3-3　モーリシャス島内の風景

とよばれる噴火口跡があります。2万年前の噴火で形成された直径 200 m、深さ 85 m の火口で、モーリシャスが確かに火山島であることを教えてくれます。火口内に水溜りによって形成された小さな池があります。地元の人は「池が熱くないので噴火することはない」と説明していましたが、島全体が活動を終えた火山です。

　島の南西部の高原地帯にブラック・リバー峡谷国定公園があります。深い森に囲まれ標高 500 〜 700 m の山々が連なり、その間を縫って流れる川は島随一の渓谷美を創出しています。モーリシャスでは世界文化遺産にポートルイスにある移民を受け入れるために 1849 年に建造された建物群のアープラヴァシ・ガートと「自由を求めた奴隷たちの戦いのシンボル」としてル・モーン・ブランが登録されています。ル・モーン・ブラウンはモーリシャスの南西端に位置する半島で中央には玄武岩のル・モール（556 m）がそびえ、頂上からは海岸線の絶景が望まれます。その急峻な途中には数多くの洞窟があり、19 世紀当時、逃亡した奴隷の隠れ場所になっていました。

③ レユニオン　——活発な火山島

　レユニオン島はフランス共和国の海外県であり海外地域圏で、マダガスカルの東 800 km、モーリシャスの西 175 km、南緯 27 度、東経 55 度 30 分のインド洋マスカリン諸島の最南端に位置する火山島で、面積が 2,512 km²、86 万人の人が居住しています。

　セーシェルやモーリシャスと同じように、アラブ人が 12 世紀頃にはその存在を知っていたようです。1507 年にはポルトガル人が上陸を果たしたことで海図にも記載されるようになり、1513 年にポルトガルのインド植民地総督ペドロ・デ・マスカレシャスが公式に発見したとされています。マスカリン諸島（フランス語ではマスカレーニュ）は彼の名前を冠しています。

　1640 年フランス人が上陸しフランス領と宣言、当時のルイ 13 世がブルボン島と命名し、フランス革命後はレユニオンに戻しています。フランスの東インド会社の中継基地としてコーヒー、サトウキビの栽培が始まり、製糖業が重要な産業となりました。17 世紀から労働力として奴隷が使役され、18 世紀には奴隷人口は 3 〜 4 万人と自由人の数倍になりました。

　1794 年に奴隷制度は廃止されましたが、1806 年ナポレオンが復活させ、島名もボナパルト島と改称されました。ナポレオン戦争中の 1810 年、イギリスが占領し島名をブルボン島に戻し、1815 年にフランスに返還しました。1810 年頃の人口内訳は白人 1 万 2,000 人、解放奴隷 2,800 人、奴隷 5 万 2,000 人との記録があります。

　1848 年の 2 月革命でフランスは王政が崩壊、島名はレユニオンに戻され今日に至っています。この時点で奴隷は 6 万 2,000 人でしたが、12 月には奴隷制が廃止されました。

　1946 年レユニオンはフランスの海外県となり、さらに 2003 年、海外レジオン（地域圏）設置に伴い「レユニオン海外県および海外レジオン」になりました。18、19 世紀に移入した奴隷を含めアフリカ、インド、ムスリム、中国からの人々が、互いに混ざり合い、これら混血の人々は「クリオレ」とよばれ、子どもたちはフランス国籍を得ています。クリオレが全人口の 60％を超え、言語も公用語はフランス語ですが、多くの人々はフランス語を基本としたレユニオン・クリオレ語を使っています。このようにレユニオンはセーシェルやモーリシャスと、その発見から同じような道筋をたどりましたが、独立はしていません。ただ貧富の差の拡大に伴い、反政府の暴動が起こるなど、独立の機運は消えていないようです。

　レユニオンの誕生は、マスカリン諸島の南西端にホットスポット型火山活動により 300 万年前に出現した海底火山から始まります。島の中央には島の最高峰のピトン・デ・ネージュ（3,070 m）が位置し、20 km 四方に標高 2,000 m を超える山岳地帯を形成していますが、50 万年前にはすべての火山活動が終わった地域です。山岳地帯の北西側にマファテ谷、北東側にサラジー谷、南側にはシラオス谷が並び、自然環境の違いから、山体が削られた尖塔群や落差数百メートルの滝が並ぶなど、それぞれが特徴ある景観を呈しています。

　マファテ谷は標高差 1,000 m 以上もある山に囲まれた深い谷で、交通手段は徒歩かヘリコプターです。サラジー谷はレユニオン最大の谷で、多くの美しい滝があり、その一つには「花嫁のベール滝」の名がついています（写真 7.3-4）。

写真 7.3-4
花嫁のベール滝

　北側の海岸はサンゴ礁が発達し、西側の海岸には砂浜が発達しています。北東からの貿易風が山岳地帯にあたり、島の東側が多雨地帯、西側は雨が少なく、多くの人が居住しています。東側には湿気を好む質の高いバニラが生産されています。

　火山活動が終了している北部の山岳地帯と、火山活動の続く南部の火山地帯との間が高原地帯で南西の街「サン・ピエール」から東海岸中部の街「サン・ブノワ」へは島内唯一の横断道路が建設されています。

　島の南東側にあるピトン・ド・フルネーズ（2,632 m）は現在活発に活動している火山の一つです。この火山の形成は18万年前に始まり、およそ14万年かけて現在の形になりました。北西側に残る火口原は数万年前に陥

写真 7.3-5　レユニオン島のピトン・ド・フルネーズ火山

没して出現した最初のカルデラです。その南東側に 5000 年前頃までに現れた第 2 の内側カルデラがあり、それぞれが火山噴出物で埋まった砂漠を形成しています。内側カルデラは南北がほぼ 6 km ですが、東側は崩れて海に達しています。その内側カルデラの中の山頂に直径 1 km の噴火口があるフルネーズが位置し、ほぼ毎年のように噴火が繰り返されています。最近では 2018 年、2020 年にも大きな噴火が発生しています（写真 7.3-5）。

　レユニオンは 2010 年に島の特徴を活かし「レユニオン島の尖塔群、圏谷群および絶壁群」の名称で世界自然遺産に登録されています。

7.4　地中海とエーゲ海

① 地中海

　普通名詞の地中海は周囲をほぼ陸地に囲まれ、狭い海峡で外洋に接続している海を指します。本節の地中海は、地球上の地中海の代表ともいえるヨーロッパ地中海で固有名詞の地中海です。

　北と東をユーラシア大陸、南をアフリカ大陸に囲まれた北緯 31 〜 45 度、

東経 35 〜西経 5 度の範囲に位置し、面積は 250 万 km²、平均水深 1,500 m、最深部は 5,267 m です。地中海の中にある海域としては、西からジブラルタル海峡、アルボラン海、バレアレス海（イベリア海）、リグリア海、ティレニア海、イオニア海、アドリア海、エーゲ海があります。西側はジブラルタル海峡を通じて大西洋につながり、東側はダータネルス海峡からマルマラ海、ボスポラス海峡を通じて黒海へとつながっています。マルマラ海は地中海に含まれると考える人もいますが、黒海は含まれません。19 世紀にスエズ運河が掘削されて以来、スエズ運河を通じて紅海にもつながりました。

　地中海の形成は 1 億数千万年前のゴンドワナの分裂から始まりました。ゴンドワナから分離したアフリカがローラシア大陸の一部だったユーラシア大陸に衝突して地殻が隆起し、その間にあったテチス海は縮小され、その東側には黒海やカスピ海が生じました。7000 万〜 5000 万年前頃には西側のジブラルタル海峡付近でもユーラシア大陸とアフリカ大陸が接合し、テチス海は内海となりました。

　内海となり蒸発が続いて湖水の面積が縮小していったテチス海は塩湖となり、完全に干上がった時期もあったと推定されています。地中海の地下構造の調査で、3,000 m を超える塩の層の存在が明らかになったからです。およそ 500 万年前にジブラルタル海峡で大西洋とつながると、海水の流入が始まり、200 年ぐらいの短い期間で現在の地中海が形成されていきました。

　アフリカプレートの北東側にはアラビアプレートの存在も明らかになり、この二つのプレートがユーラシアプレートへの衝突によって、イタリアからエーゲ海、さらに東側までの間、火山活動も活発となり、多くの火山が形成されていきました。トルコのカッパドキアの石柱が並ぶ景観も、厚い火山堆積物が風化して創造されました。ノアの箱舟の伝説の残るアララット（5,165 m）はこの火山列の東の端に位置し、現在も活動する火山です。1840 年の噴火では火砕流が発生して、1,900 人の犠牲者が出ています（写真 7.4-1）。

　さらに東側のイランからトルコ、エーゲ海、イタリアは地震の頻発地帯です。深発地震も発生する活発に活動している地震帯です。

　幅の狭いジブラルタル海峡を通過しての大西洋から地中海への海流の流入

は少なく、ナイル川など河川の流入量を入れても、地中海での蒸発量には及ばず、地中海の海水面は大西洋より低いです。また塩湖時代の影響でももと塩分濃度が高い地域であったのが、蒸発量が流入量を上回り、より塩分濃度が高くなっています。

　地中海での蒸発量はより気温が高く、乾燥している東部海域で多いです。塩分濃度が高く海水面も低いので、ジブラルタル海峡から東へゆっくりした流れが生じています。このため東部の高塩分濃度の海水は沈んで深層海流となって西へ流れ、大西洋へ流出する複雑な様相を呈しています。スエズ運河は地中海内の海水の流れにはほとんど寄与していません。

　地中海沿岸地域では夏にはアフリカのサハラ砂漠から北上してくる高気圧により乾燥した空気が晴天をもたらし、冬には北方から南下してくる低気圧により雨が降り湿潤な気候となります。この特徴的な気候は地中海の沿岸地域全域に及び、「地中海性気候」とよばれる一つの気候区分を形成しています。オリーブ、オレンジなど豊富な果樹栽培が行われています。

　地中海は古代からヨーロッパ、アジア、アフリカの交通の要所でした。地中海周辺では紀元前 3000 年頃からエジプト文明、ギリシャ文明（エーゲ文明、クレタ文明、ミケーネ文明）が開花し、さらに東方ではペルシャ帝国が隆盛をきわめました。紀元前 342 ～ 340 年、13 ～ 16 歳のときにアリストテレスが家庭教師として学問と教養を身に着けさせたというアレキサンダー大王が活躍したマケドニア帝国や、その後のローマ帝国などが地中海で繁栄したことを示す多くの遺跡が残されています。

　ローマ帝国の崩壊が始まり、7 世紀にはイスラム帝国が地中海に侵攻を始め、8 世紀には地中海の東岸や南岸を領有しました。北岸ではキリスト教圏が東ローマ帝国のギリシャ正教徒ローマ教皇のローマカトリック圏へと異なる文化になりつつありました。

　9 世紀に入るとピサ、ジェノヴァ、ヴェニスなどイタリアの都市国家が、地中海の交易で隆盛をきわめました。力をつけてきたヨーロッパ各国は十字軍の遠征へと突入します。15 世紀にはオスマン帝国が地中海の覇権を握りましたが、16 世紀には西地中海の制海権をスペインが奪回しました。またアメリカ大陸の発見により、交易の中心は大西洋に移り、地中海の地位は相

対的に低下しました。

　18世紀にはイギリスやフランスも地中海に進出し、南側のアフリカ大陸北岸の地域の植民地化が進みました。1869年のスエズ運河の開通で、地中海はヨーロッパから東洋へのメインルートとなりました。

　こんな時代背景から、地中海沿岸ではいろいろな文明が重なり合って遺跡として残っています。次節で詳述するエーゲ海はギリシャ文明の遺跡の宝庫であるとともに、ローマ帝国の遺跡も数多く残っています。西地中海にはローマ帝国の遺跡が点在するとともにイスラム教、キリスト教の遺跡が重なって残る文明の十字路です。

　地中海の都市には、モスクからキリスト教の教会へと改組された建物が点在します。またイタリア・シチリア島のシチリア自治州の首都パレルモは、ノルマン王朝が首都とした当時の史跡が多く文明の十字路で、市内にはイスラム教とキリスト教の文明が重なり合っています。ノルマン王宮はアラブ時代の9世紀に建設が始まり、12世紀のノルマン王朝時代に拡大された、天井はアラブ様式、壁画はビザンティン様式のモザイク画に覆われているというように両者が美しく結合し、まさに文明が重なっている場所です。

　このような地中海にはマルタ、キプロスの島国が存在し、沿岸には多くの世界遺産が並んでいます（写真7.4-2）。

② エーゲ海

　エーゲ海は地中海の北東部に位置し、北緯35〜41度、東経23〜28度付近、南北644km、東西322km、北と西側がバルカン半島（ギリシャ）、東側はアナトリア半島（トルコ）に囲まれた入江状の海で、大小合わせて2,500の島々がある多島海です。大部分は水深1,500m以下ですが、最深部は3,543mです。島々のほとんどはギリシャに属し、沿岸に位置しているボズジャ島、ギョクチェ島がトルコ領です。

　6000万年前から、ヨーロッパアルプスからヒマラヤへと続く造山帯が形成され、その中に多くの山脈が出現し、火山活動も起こりました。ユーラシア大陸に押し寄せるインド亜大陸を乗せたプレートやアフリカプレートで狭くなっていたテチス海の中にも山脈ができ、隆起、沈降、風化が繰り返され、

写真 7.4-1　アララット山（5,165 m）と小アララット山（3,896 m）

写真 7.4-2　トルコのエフェソスに残るローマ時代の遺跡

現在のエーゲ海の島々は当時の山脈の頂上部が残っているのです。同時に火山活動が起こり、火山島も出現して現在のような多島海になったのです。

　プレート境界に位置するエーゲ海はアフリカプレートとユーラシアプレートの間にエーゲ海（マイクロ）プレート、その東にアナトリアプレートとよべる小さなプレートの存在が指摘されています。アフリカプレートはエーゲ海プレートの下を北方へ年4cmの割合で沈み込んでいるので、100kmより深い地震も起きている地域です。地中海周辺は火山活動とともに地震活動も活発な地域です。東側のイラン、トルコから続く地震帯、紅海に沿う地震帯がエーゲ海では合流し、さらに西のイタリアへと続いています。2023年2月にはトルコ南東部の東アナトリア断層沿いでM7.8とM7.5の地震が続発し、5万人以上の犠牲者が出ました。

　このイラン、トルコの地震帯はアラビア半島の北東側、紅海に沿う地震帯は西側から南側で、それぞれアラビアプレートを形成しているのです。

　365年7月21日、エーゲ海南部のクレタ島付近で記録に残る最大の地震（北緯35度、東経23度、M8.5）が起き、クレタ島は9m隆起し、死者は数千人、南東に500km離れているエジプトのアレクサンドリアは津波で壊滅したと伝えられています。4世紀の出来事のためマグニチュードも現在に比較して、精度は落ちますが、日本流にいえば巨大地震であったことは確かです。

　およそ1000年後の1303年8月8日、やはりクレタ島付近で巨大地震（北緯35度、東経27度、M8）が発生し、大津波によってアレクサンドリアの灯台が破壊されています。その後もマグニチュードが6〜7クラスの地震活動がときどき発生し、現在に至っています。

　M7の地震（北緯37度9分、東経26度8分、深さ21km、M7）は2020年10月30日にサモス島の沖合14km、トルコのイズミル南西250kmの海底で起こり、津波も発生しました。イズミルでの震害が大きく、死者の合計は114人、ギリシャ側の死者は2人、正式な命名かどうかわかりませんが「エーゲ海地震」とよばれています。

　エーゲ海で現在活動している火山は南部のキクラデス諸島のサントリーニ島（北緯36度24分、東経25度26分）です。北西のミロス島（北緯36

度41分、東経24度25分）や北方のリムノス島（北緯39度55分、東経25度15分）も火山島です。ミロのヴィーナスが発見されたミロス島では火山活動による黒曜石が産出し、剃刀のように切れる石の道具として、1万数千年前からほかの島々と取引されていました。リムノス島はギリシャ神話では鍛冶の神に捧げられていた島です。

エーゲ海一帯はその名の通りエーゲ文明の発生地です。紀元前30世紀頃～12世紀頃まで栄えた青銅器文明で、クレタ文明やミケーネ文明がその代表です。クレタ文明はミノス文明ともよばれ、クレタ島を中心に発展し、各地に多くの宮殿を建設し、壁画も残り、青銅器が使われ始めました。

クレタ島はギリシャ本土から南に160 km、エーゲ海の最南端に、ほかの海域と分ける形で位置する東西に長い島です。東西260 km、南北は広いところでは60 km、狭いところは12 km、面積8,336 km²です。クレタ文明は地中海で5番目に大きなこの島で起こりました。その代表が島の北中央に建設されたクノッソス宮殿です。一辺160 mの中心に広場を設け、それを取り囲むように1,200もの部屋がつくられ、一部は4階建てでした。このような宮殿がクレタ島ばかりでなくエーゲ海の島々に数多く建てられていたのです。

繁栄していたクレタ文明はサントリーニ島の巨大噴火かエーゲ海での巨大地震の発生、内戦などで終焉を迎えました。紀元前1400～1200年、クレタ文明に代わりギリシャのペロポニソス半島を中心に栄えたのがミケーネ文明です。ペロポニソス半島はギリシャ南西部の半島でバルカン半島の最南部で西はイオニア海、東はエーゲ海に面しています。

ミケーネ文明の特徴はクレタ文明を引き継ぐ形が多く、宮殿に城壁が設けられたこと、墳墓の副葬品に甲冑（かっちゅう）の副葬品が多いこと、狩猟の壁画が多いことなどから、外敵の脅威にさらされていた結果と推定されます。このようにエーゲ海の沿岸や島々の遺跡には、2つの文明の重なりが見られます。

エーゲ海の東岸、トルコのイズミルやエフェソスにはローマ時代の遺跡も残されています。それぞれの遺跡は世界文化遺産に登録されています。

写真 7.4-3　**サントリーニ島カルデラ内の中央火口丘ネアカメニ島.**
黒っぽく見えるのが最近流出した溶岩流

③ サントリーニ島とアトランティス

　サントリーニ島はティラシア、ティーラ、ネアカメニ、パレアカメニ、ア
スプロニン 5 島の総称ですが、サントリーニ島の本島にあたるティーラを
指すことも多いです。特に観光に関してはこの傾向が強いです。サントリー
ニ島はエーゲ海では東端に位置するニシロス島（北緯 36.6 度、東経 27.2 度）
とともに噴火を続ける唯二つの活火山です（写真 7.4-3）。

　サントリーニ島は一つの海底火山が海上に突き出て、10 万年前に活動が
始まりました。紀元前 1390 年頃の活動後、大きな活動で大陥没が起こり直
径 10 km のカルデラが形成されました。この一連の爆発的な火山活動はミ
ノア噴火とよばれています。この噴火活動はエーゲ海一帯に大きな惨禍をも
たらし、クレタ島をはじめとする多くの島々でクレタ文明（ミノア文明）を
形成していた建造物や市街地が破壊されました。

　海底火山の山体が吹き飛ばされたサントリーニ島ではカルデラの北西側に
ティラシア島（最高点標高 294 m）と東側を半円形に取り囲むサントリー
ニ本島（ティーラ島）が火口壁として残り、火口縁が海面上に火山島を形成

しました。現在人が住んでいるのは、この二つの島だけです。

　その後の活動によって、カルデラ内にネアカメニ（最高点の標高124 m）、パレアカメニ（同 103 m）、アスプロニンの 3 島が出現して中央火口群を形成しています。19 〜 20 世紀の噴火はネアカメニ島からで、流れ出た溶岩が海岸で台地を形成しています。

　サントリーニ島（ティーラ島）は島の中心で 90 km² の面積に約 1 万 3,000人が住んでいます。島には噴火口が並び、カルデラに面した火口壁内側の斜面には碧い屋根に白い壁の建物が並び、独特の景観を演出しています。島南の海岸付近には古代都市アクロティリの遺跡があり、ミノア噴火で火山灰に埋もれましたが発掘され、公開されています。イタリアのポンペイよりも古く、遺跡の中にはワインの搾りかすも保存されていました。また南東側には紀元前 9 世紀から 1000 年間栄えた古代ティーラの遺跡があります。1956年のロサヴォノ付近からの噴火で町が壊滅状態になり、この遺跡も埋まりました（写真 7.4-4）。

　ニシロス島はエーゲ海の東部、トルコとの国境付近に並ぶドデカニサ諸

写真 7.4-4　サントリーニ島の本島ティーラ

島の小島の一つです。ニシロス島の中央にはおよそ2万5000年前と1万5000年前の噴火活動で出現した直径4kmのカルデラがあり、その中には噴火口が点在してガスや水蒸気が噴き出ていますが、噴火口の最大は直径330m、深さ27mあります。19世紀だけでも4回の噴火活動が記録されていますが、最後の噴火は1888年の「水蒸気爆発」でした。

　アトランティスはギリシャの哲学者プラトン（紀元前427〜347年、ソクラテスの弟子、アリストテレスの師）が書き残した広大な島で、約9000年前に海中に没したとされる巨大な島です。19世紀に入りアトランティスの存在に疑義が出され、再び議論されるようになりました。歴史学者や考古学者の中にはプラトンのアトランティスはサントリーニ島のミノア噴火を指すのではとの意見が出てきました。ミノア噴火はサントリーニ島のサントリーニカルデラ形成の火山活動で、紀元前1390年頃の出来事ですが、噴火により発生した津波は海岸の集落を襲い、噴出物はエーゲ海の多くの島々のクレタ文明（ミノア文明）の建造物や市街地を埋め尽くして地表から消し去ったのです。

　しかしそれにしても、プラトンの述べる年代や島の大きさはサントリーニ島での噴火現象とは大きく異なります。そこで考え出されたのがプラトンの誇張説と、プラトンが情報を得たエジプトの司祭が100を表す象形文字を誤って1,000としたため、プラトンの数値がすべて一桁大きくなったという説です。すると9000年前とされていた時期はプラトンの時代の900年前となり、紀元前1390年頃の噴火と一致してきます。島の大きさも10分の1となれば当時のサントリーニ島の大きさに近づくでしょう。クレタ文明では青銅器が使われ、牡牛の壁画や造形物が産出し、プラトンがアトランティスでは牡牛崇拝があったという記述にも一致します。

　いずれにしてもサントリーニ島の火山活動はエーゲ海ばかりでなく、地中海全域にも影響を及ぼしていたのです。

④ アトス山

　アトス山はギリシャ北東部のカルディキ半島の最東の先端に突き出たアトス半島（アクティ半島）の南端にそびえる標高2,033mの山です。アトス

半島は幅が 8 〜 12 km、長さ 40 km 程度で、面積は 385 km²、アトス山から北に延びる急峻な稜線が続き、海岸には砂浜がなく、岩場か崖です。中世からの自然がそのまま保たれています。

　紀元前から人の居住があったようですが、文献に修道士の定着が出てくるのは 9 世紀頃からです。伝承によれば聖母マリアがエルサレムからキプロスに向かい船出をして嵐に会い、アトスの海岸に避難し、その美しさから自分の土地にしたとされています。別の伝承ではマリアが流れ着いたときは異教徒の地でしたが、上陸するや否や異教徒の偶像が砕け散り、人々はマリアを慕いキリスト教に改宗していったと言われています。以来この地には女性はマリア以外、立ち入ることができなくなったのです。そのような伝承から修道士たちができるだけ天に近いところで修養したとの願いから、アトス山の上に草庵を組んで祈りの生活に入ったとも言われています。

　8 世紀の中頃からは共同生活の修道院の建設が進み、1001 年にはアトス山の修道院の数は 46 となりました。多くの修道院は半島の外に荘園を有して、領主のような様相を呈していましたが、その後この地域は混乱が続き、修道院の荘園は没収されたり、返還されたり繰り返しました。また台頭してきたオスマントルコ軍の略奪などがあり、修道院を閉鎖してほかの地域に移り住む修道士たちも出てきました。

　14 世紀に入りアトス山はオスマン帝国の支配下になり、1453 年東ローマ帝国が滅亡し、19 世紀まで修道院共同体の自治や宗教活動が認められ、東欧諸国からの援助も続きました。女人禁制は 1090 年に東ローマ帝国のコンスタンティヌス 9 世によって宣言されたと言われていますが、1406 年からは完全に女人禁制になりました。

　アトスの修道院に入った修道士たちのほとんどは、死ぬまで出ることはなく、何十年も女性を見ないで過ごすそうです。アトス山での居住は 18 歳を過ぎた男性正教徒のみに許されています。修道士たちにとっての女性は唯一聖母マリアだけなのです。

　各修道院は現在、ヨーロッパ各国の寄付により宗教性の重要さを維持して存続していますが、ヨーロッパ連合（EU）からは女性の入国を禁止していることに非難を受けています。

ギリシャ領内ですが「聖山の修道院による自治国家」として「アトス神政共和国」の名で政府からも大幅な自治が認められています。1988 年世界文化遺産に登録されました。

　観光目的での入山は禁止されており、学術的、宗教的な必要性や調査などによる入山は訪問者の数と期間を厳しく制限し、煩雑な手続きの後に認められています。

　メテオラはギリシャ西部ピンドス山脈中央東側に位置する地表から 20 〜600 m の奇岩群とその上に建設された修道院の総称です（写真 7.4-5）。ギリシャ語の「中空の」を意味する「メテオラス」からの名称です。6000 万年前に海底の堆積物が隆起し、侵食により削られ、今日の奇岩の尖塔群が形成されました。厳しい地形は俗世を離れ祈りと瞑想に身をささげるギリシャ正教の修道士たちにとっては理想の環境でした。アトス山同様、9 世紀頃から岩山の洞窟や岩陰などに住み着き、単独で修行に励む修道士が現れました。

　メテオラに修道士の共同体ができたのは 14 世紀になってからでした。戦乱を避け多くの修道士たちがメテオラに住み、共住をするようになり修道院

写真 7.4-5　頂上にギリシャ正教の修道院が並ぶギリシャのメテオラ

共同体が確立されていき、女子修道院も創設されました。その後、紆余曲折がありましたが、現在2つの女子修道院を含め6つの修道院が維持され宗教活動が継続されています。メテオラは風光明媚な場所であり、宗教と異文化への関心から、近年は観光客が増えています。世俗を避ける修道士たちにとっては環境が悪化したため、メテオラを離れ、より閉鎖的なアトス山に移住する修道士が増えていると言われます。

④ 火山の教科書

　イタリア半島の先端に位置するシチリア島は火山島です。世界自然遺産に登録されているエトナ（北緯37度45分、東経15度00分、3,295 m）は紀元前より現在まで間欠的に活動を続けている活火山です（写真7.4-6）。紀元前693年の噴火が記録に残る最初の噴火で、その後断続的に噴火が繰り返され、1169年には死者1万5,000人、1669年には死者1万人の出た大噴火が発生しています。

　山頂からは溶岩原が広がり、大きな溶岩トンネルが残されています。噴火

写真 7.4-6　**シチリア島のエトナ火山**

記録が比較的よく残されているので、火山学で噴火現象の説明に使われます。

　シチリア島の北東海岸沖、ティレニア海の南部にＹ字型に主要７島の火山島が並び、エオリア諸島とよばれ、世界自然遺産に登録されています。諸島の名前はギリシャ神話の風の神アイオロスに由来します。諸島の中心をなす最大のリパリ島（北緯38.5度、東経14.9度）にちなみリパリ諸島ともよばれ、諸島全体で人口は１万3,000人程度です。リパリ島はシチリア島北岸から30kmの位置で、1100年前や５世紀頃までは活動していましたが、現在は噴気孔からわずかの噴気が出ている程度です。

　リパリ島の南750m、シチリア島の北20kmに位置するのがブルカノ島（北緯38.4、東経15度、最高点500m）です。ギリシャ神話ではこの島に火と鍛冶の神ヘパイストスの鍛冶工房があるとされていましたが、ローマ神話の神「ウルカーノ」の名前が与えられました。過去6000年の間に少なくとも９回の大噴火が発生し、最新の噴火は1888年８月３日に発生し、1890年まで続きました。

　ブルカノ島の最大の噴火口は直径が800m、火口縁は最高点の標高は500mですが、麓の船着場からでも１時間ほどで登れ、さらに40分程度で一周できる小さな火山体です（写真7.4-7）。ところがその爆発力は強く、発泡した溶岩片、軽石、スコリア、火山灰などを大量に噴出し、その高さは１万 mの成層圏にまで達します。噴煙を高く噴き上げる噴火様式を「ブルカノ式噴火」とよび、火山学は英語で「ボルカノロジー」ですが、語源はブルカノ島の噴火です。

　エオリア諸島の最北端、ブルカノ島の北東およそ45kmにあるのがストロンボリ島（北緯38度47分、東経15度12分、標高924m）です。水深2,000mの海底からの火山活動は１万3000年前から始まり、その後今日まで2400年間、ほぼ連続的に噴火を繰り返しています。比較的粘性の低いマグマを火口周辺にボカーン、ボカーンと噴出する爆発を繰り返し、火山弾や火山礫を数百メートルの高さまで放出しています。この小規模な噴火を繰り返す噴火様式は「ストロンボリ式噴火」と命名され、一定の時間間隔で噴火を繰り返し、夜間には噴き上がる火柱が航行する船舶の良い目標となることから「地中海の灯台」とよばれています。

　ストロンボリ島の火山活動は、ほとんどがストロンボリ式噴火の繰り返しですが、10年に一度ぐらいはブルカノ式の大噴火をします。2019年7月から8月の噴火では、数回ブルカノ式大爆発を起こし、火砕流が発生し、7月14日にはハイカーが死亡しています。

　エオリア諸島の北へおよそ250 km、イタリア半島の地中海に面して位置するのがベスビオ（北緯40度49分、東経14度26分、1,281 m）です。3万9000年前頃から山体を形成する火山活動が始まり、2万2000年前頃にはカルデラを含む現在の山体が形成されたようです。1万9000年、9300年前、4300年前頃にはそれぞれ大爆発と火砕流や溶岩流などの大量の噴出物を伴う大噴火活動が発生しています。その後はブルカノ式噴火やストロンボリ式噴火を繰り返していました。

　西暦79年、ベスビオは大噴火を起こし、大量の火山灰や火砕流で周辺の都市ヘルコラネウム（現在のエルコラーノ）やポンペイが埋没しました。このベスビオの噴火は帝政期のローマ時代に活躍した二人のプリニウスによって記録に残されています。博物学者、政治学者、軍人だった大プリニウスは、西部艦隊の司令官としてナポリ湾近くに停泊中に噴火が起こり、火山現象を調べるのと、住民たちを助ける目的で上陸、火砕流か火災サージの直撃を受け亡くなりました。そして甥で文人、政治家の小プリニウスが叔父の死やベスビオの噴火の詳細を書き残しています。

　なおプリニウスの記載ではこの噴火は79年8月24日とされていましたが、その後のポンペイの発掘で、館の壁に描かれた文字の内容から、噴火は10月以降の可能性が指摘されています。

　また大量の軽石や火山灰を成層圏まで達するように噴き上げるキノコ状雲と溶岩流や火砕流の大量の噴出物を伴う大規模な噴火を「プリニー式噴火」とよびます。二人のプリニウスからとった火山学用語です。この噴火で古い火口丘の山体の一部は破壊され、新たにカルデラが形成されました。このカルデラは半円形の火口原となりアトリオと、また残った山体の北側の部分はベスビオの北縁となる山稜でソンマよばれています。「アトリオ」や「ソンマ」はベスビオ山体内の固有名詞でしたが、現在ではそれぞれ「火口原」と「外輪山」という学術用語になっています。アトリオの南側には新しい噴出物に

写真 7.4-7　噴煙を成層圏まで噴き上げる噴火を繰り返すブルカノ島

より、新たに火口丘が出現しました。これが現在のベスビオの山頂です。

　その後も大規模噴火で多くの死者が発生していますが、1880 年、山麓か
ら火口まで登山電車（「ベスビオ鋼索線」いわゆる『フニクリ・フニクラ』
の歌で知られている）が建設されました。しかし、1906 年に 300 人が死亡
する噴火が発生、1944 年の噴火では登山電車が被害を受けケーブルカーは
リフトに代わりましたが、1984 年に観光道路が整備され廃止となりました。

　発掘されたポンペイの街並みに立ち、はるか北にそびえるベスビオ火山を
眺めると、あの山の噴火でこの街が完全に埋まってしまったと、実感ができ
ないほどの巨大噴火であったことを認識させられます。これはまさに自然の
驚異ですが、筆者はただ大自然の脅威に首を垂れるだけでした。

　ベスビオの噴火で埋没したポンペイやエルコラーノは、発掘されて現在
2000 年の眠りから覚め、当時の有様を人々に示してくれています。現代人
にとっては「火山の恵み」と言えるでしょう。

7.5　北極海

① グリーンランド

　グリーンランドは北極海と北大西洋の北緯59度50分〜83度37分、西経10〜70度に位置する世界最大の島で、超大陸ローランドの一部だったと推定されています。西側はバフィン湾を挟んで北アメリカ大陸に隣接しますが、北西部では幅30kmのネアズ海峡を隔て、カナダのエルズミア島に対峙しています。また東側は大西洋に面していますが、南東部の300km先にアイスランドが位置しています。

　グリーンランドの面積はおよそ217km²、日本の面積の5.7倍で、最小の大陸のオーストラリアの面積の29％です。その陸地の80％が平均の厚さ1,515m、最も厚いところで約3,500mの氷塊・グリーンランド氷床に覆われています。グリーンランド氷床表面の平均の標高は2,132m、最高点の標高はおよそ3,200m、氷の総体積は260万km³で地球上の氷の9％、淡水の10％を占めます。陸地の最高点は南東にあるギュンビュルン（3,694m）で、北極圏内の最高地点でもあります。

　氷の島がなぜグリーンランドと名づけられたかについては諸説あるようですが、沿岸には木々が茂る時代があったというのが有力な説のようです。グリーンランドには紀元前4000〜5000年頃からシベリアから来た古エスキモー人、その後もアメリカインディアンの先祖が入植し、それぞれの遺跡も残されています。

　グリーンランド氷床は東側と西側では気候に大きな違いがあります。東側の沿岸に沿っては、北極海から寒冷なグリーンランド海流が流れ込んで海氷も発達していますので、水蒸気が少なく低気圧も発達せず降雪量が少ないのです。その結果、北部から東側の海岸では氷床も発達せず、島内最大の露岩地帯が広がっています。

　西側のバフィン湾内には冬季には海氷が発達しますが、その中にポリニアとよばれる広い開水面が形成され、そこから多量の水蒸気の供給を受けグリーンランドの西側では降雪量が多くなり、同じ緯度で比較すると年平均気温も西側の方が東側よりは高いのです。

グリーンランド氷床の頂上域にあるサミット基地（標高 3,200 m）では年平均気温が−32℃、最低気温がおよそ−60℃、年間降水量が 210 mm です。全体に南極氷床よりは 20℃ほど気温が高いことになります。

　10 世紀から始まったバイキングの入植も 14 世紀には姿を消し、グリーンランドは先住民のカラーリックが細々と暮らす島になりました。一度はヨーロッパの歴史から姿を消したグリーンランドですが、16 世紀には再発見され、17 世紀からはゴッド・ホープ（現在のヌーク）にデンマークが植民地をつくり、島全体を植民地としてキリスト教を布教させました。

　1953 年にグリーンランドはデンマークの各県と同じ自治権を得ました。さらに 1979 年には自治政府が発足、デンマークの自治領となり今日に至っていますが独立志向が強いようです。

　現在グリーンランドの人口は 5 万 6,000 人程度で、主都はヌークで 1 万9,000 人が住み、一院制の議院内閣制が採用され、議員から選ばれた自治政府首相が行政府を率いています。デンマークの国会へは別に選ばれた 2 名の議員を送っています。

　おもな輸出産業は漁業ですが、鉱物資源の埋蔵も有望視されています。

　住民のほとんどは西側に住んでいます。また北東側には世界最大の国立公園とよばれる「北東グリーンランド国立公園」がありますが、公園内には住民はいません。

　20 世紀の東西冷戦終結後、観光客も訪れるようになりましたが、未調査の島であったため、グリーンランド氷床の研究や地球上の古い陸地の研究を目的として科学者にも開放されています。日本からも毎年現地におもむいての調査がなされるようになり、多くの科学的な知見が得られてきています（写真 7.5-1、7.5-2）。

② スヴァールバル諸島

　スヴァールバル諸島はスカンジナビア半島北方の北極海に位置するノルウェー領の群島で、北緯 74 〜 81 度、東経 10 〜 35 度の範囲内の島々すべてを含みます。東はバレンツ海、西はグリーンランドとの間にあるフラム海峡からグリーンランド海、南はノルウェー海に囲まれています。1596 年、

北東航路を求めて探検をしていたオランダのウィレム・バレンツによって発見され、スピッツベルゲン（「尖った山々」の意）と西側の山脈の眺望から命名されました。スピッツベルゲンという地名が現在は諸島中最大の島だけを指していますが、昔は周辺の島々が発見されると、それらを含めてスピッツベルゲン諸島とよばれていました。ただし12世紀頃にはアイスランドのバイキングがこの付近の陸地に対してスヴァールバル（「冷たい海岸」の意）という地名を残していますが、その範囲ははっきりしていません。

スピッツベルゲンが発見されると17世紀の初頭には周辺海域にイギリス、フランス、オランダ、デンマークなどがクジラ、シロクマ、セイウチなどの狩猟を始めました。沿岸には船員たちの滞在基地が設けられ、18世紀にはドイツ、ベルギー、ノルウェー、スウェーデンなども捕鯨船団を送っています。1820年にはロシアがシロクマやホッキョクキツネの狩猟基地を設けましたが、長続きはしませんでした。

1890年代に石炭鉱床が発見されると、ノルウェーは早速採掘を開始し、アメリカ、イギリスなどがこれに続きました。それと同時にスピッツベルゲン諸島の主権の問題が浮上してきました。この問題は1910年代に始まり、第一次世界大戦で中断されましたが、1920年のパリ講和会議でスヴァールバル条約が署名され、ノルウェーに完全な主権が認められるとともに、すべての署名国は漁業、狩猟、鉱物資源に関し平等の権利を与えられました。その結果、群島全体を統治するためにスヴァールバル法が1925年に発効し、スピッツベルゲン諸島は「スヴァールバル諸島」とよばれるようになりました。

スヴァールバル条約締結の背景には、石炭採掘に関し多くの国が進出し、定住者も出始め、争いが絶えなかったことに起因します。日本もスヴァールバル条約締結国の一つとして、ノルウェーの主権を認めるとともに、日本国民がスヴァールバル諸島内で自由に経済活動をすることも認められているのです。ロシア革命で誕生したソ連も1924年にはスヴァールバル条約に加盟し、現在まで多くのロシア人が石炭採掘で働いています。

第二次世界大戦ではドイツと連合軍との間で、スヴァールバル諸島の争奪が起こりました。終戦後ソ連はノルウェーにスヴァールバル諸島の共同統治

写真 7.5-1　グリーンランド・カンゲルスアーク国際空港

写真 7.5-2　グリーンランドの集落

と防衛協定を働きかけましたがノルウェーはこれを拒否し、1949年には北大西洋条約機構（NATO）に加盟しました。以来ソ連、さらにロシアになっても諸島内でロシア人は活発に活動しています。

　気象観測所などを除くとスヴァールバル諸島で人間が居住している島はスピッツベルゲンだけです。南西部にあるロングイェールビーンと北西のニーオルスンは炭鉱の町として開かれましたが、現在ほとんど採炭は行われていません。ロングイェールビーンは首都機能を有し、病院、大学を含む学校、各種文化施設があり、知事が執務している居留地です。

　ニーオルスンは炭鉱の町から科学研究を行う町へと変化しました。民間会社が運営する研究施設、宿泊施設が並び、夏季には多くの研究者たちが訪れます。日本の極地研究所も研究室と宿泊施設を有し、自由に研究活動をしています（写真7.5-3）。

　ロングイェールビーンの南西にあるバレンツブルクは現在では唯一のロシア人居留地です。学校、病院、文化センターなどの施設があり、ロングイェー

写真7.5-3　スヴァールバルトナカイの群れが遊ぶニーオルスンの郊外

ルビーンからのハイキングや旅行者に対応する土産物屋もあります。

　スヴァールバル諸島の総面積は6万1,000 km²、人口はおよそ2,700人、そのうちロシア人とウクライナ人が420〜430人程度、その外の外国人が330人程度で、ノルウェー人が2,000人程度住んでいます。

　陸地の60％に相当する3万6,500 km²が氷に覆われ、30％は不毛の岩盤、残り10％に細々と植生が見られます。

　スピッツベルゲン島で採取された岩石の鉱物の解析から32億年前の年代が得られています。さらに17億年前、10億年前、6億年前にも激しい造山運動があったようですが、当時の山脈は侵食を受けて消滅し、深部の岩石からその痕跡が見られる程度です。

　5億〜4億年前になると三葉虫のような海に生息していた無脊椎動物の化石が発見されています。4億年前頃の岩石の古地磁気学的研究から、その時代にはスヴァールバル諸島になった地層は赤道付近にあったと推定されています。3億年前頃には熱帯雨林が発達し、その当時の堆積物が石炭層を形成し、スピッツベルゲン島に存在し採掘されているのです。

　およそ2億年前頃にはスピッツベルゲンは北緯45〜65度に位置していたようですが、地球全体が温暖期で海面が上昇しており、スヴァールバル諸島内からもアンモナイトのような軟体動物や魚竜、首長竜などの化石も発見されています。1億年前頃になるとイグアノドンやアロサウルスのような陸上恐竜の化石も発見され、1973年に発見されたプレシオサウルスの化石では、食餌の軟体動物や植物が体内に残っている状態で発見され話題になりました。

　5500万年頃には再び温暖な気候が続いたようで、多くの植物化石や石炭層が発見されています。2300万年前からは氷期の時代に入り、地表面は氷で覆われ、現在の氷河地形が形成されていったのです。

　また現在、諸島の東側には活動度は低いですが、地震活動があります。2008年2月21日にはM6.2、2009年3月6日にはM6.5の地震が起きました。ノルウェーでは観測史上最大の地震です。

　人間以外の陸上動物はホッキョクキツネとスヴァールバルトナカイ、海上ではセイウチやクジラなどが見られます。シロクマは陸と海の両方で見るこ

とができます。基本的には動物たちは保護されています。

　スヴァールバル諸島内全体には7国立公園、15の鳥類保護区、6自然保護区が設定されているほか、1946年以前の人間の痕跡も自動的に保護されています。

　気候はツンドラ気候であり、冬の最低気温は−30℃になり、平均気温は夏は5℃、冬は−12℃程度です。暖流の北大西洋海流の影響で、高緯度に位置していますが、カナダやシベリアの同緯度の地域に比べ冬の気温が2℃は高く、それほど寒くはありません。

おわりに

　地球表面のいろいろな現象について、時間を縦軸に、そこで起こった現象を横軸にとり概観しました。冗長にならないことに注意しながら、多くの現象に関心を広げ、地球の姿を理解していただけたと思います。「動かざること大地のごとし」と教えられていた大地は、宇宙空間に浮かぶ小さな水の惑星で、すべてが有限で、その姿は時間とともに大きく変化しているのです。

　地球の誕生から今日までの46億年を一年に例えると、地球の誕生が元旦、アフリカでの人類の発生は12月25日頃、現生人類は12月31日18時頃から現れてきたことになります。日本の縄文時代は12月31日23時頃、除夜の鐘が始まる少し前になります。

　地球の表面につい最近現れた人類は、万物の霊長として振る舞い、自然環境を破壊し地球表面の環境を急速に悪化させています。それに気が付いた人間は「地球にやさしく」などというキャッチフレーズで注意を促してきましたが、人間のどんな振る舞いにも地球は何ら影響も受けず、太陽の周りを回り続けています。環境悪化で困るのはその表面で生活する生命体だけなのです。特に、生きてゆくために肉食動物は草食動物を食べますが、独裁者のように振る舞う人間は自己の欲望を満足させるために、戦争という殺し合いをしています。まったく無益な行為です。地球の姿を知ることによって、そんなことにも気が付いて欲しいと願って本書を執筆しました。

　なお、本書に用いた写真で手持ちでないものは次に記すように多くの方々から提供していただきました。特に旅の案内を頂いたことのある三越伊勢丹ニッコウトラベルの江頭啓太郎さんには筆舌に尽くしがたいほどお世話になりました。

　本書は丸善出版企画・編集部の堀内洋平氏、前川純乃さんの有益な助言と、関係各位のご協力で世に出すことができました。心より感謝申し上げます。

2023 年 9 月

　　　　　　　　　　　　　　　　　　　　　　　神 沼 克 伊

写真提供いただいた方々（敬称略）

藤原次男、土居仁士、唐鎌郁夫、青山雄一、赤田幸久、荒井照雄、三浦禮子、肥後橋いく子、田中翔太、石川俊平、森脇潤、篠原陽子、坂口直樹、坂尾美浩、坂口智一、木島将也、政藤ゆかり

心から御礼申し上げます

文　　献

【参考文献】

丸山茂徳・磯崎行雄『生命と地球の歴史』岩波書店，1998

神沼克伊『あしたの南極学』青土社，2020

神沼克伊『あしたの火山学』青土社，2021

【図の出典】

図 1.1-1：神沼克伊『南極の現場から』新潮選書，p.14，1985　をもとに作成

図 1.3-1：国立天文台 編『理科年表 2023』丸善出版，地 97（p.699），2022

図 1.5-1：国立天文台 編『理科年表 2023』丸善出版，地 42（p.644），2022

図 4.3-1：神沼克伊 監修『北極と南極の 100 不思議』p.61，東京書籍，2003　をもとに作成

図 6.2-1：神沼克伊『南極情報 101』岩波書店，p.7，1983　をもとに作成

索　引

あ　行

アアラバ　166
アイスランド　177, 179
アウターセーシェル　186
アウヤンテプイ　115
アコンカグア　19, 89
アスワン・ハイ・ダム　76
アゾレス諸島　182
アタカマ高地　106
アデア岬　156
アデリーペンギン　147
アトス山　202
アトス神政共和国　204
アトス半島　202
アトランティス　202
アナトリア高原　37
アナトリア半島　196
アナトリアプレート　198
アフ　172
アフリカゾウ　64
アフリカ大陸　38
アフリカプレート　182, 194
アフロ・ユーラシア大陸　14
アベル・タスマン　141
アボリジニ　126
アマゾニア　118
アマゾン川　117
アムール川　32
アラビア半島　38
アラビアプレート　194
アラフラ海　126
アララット　12
アラル海　30
アルタミラ洞窟　47
アルティプラーノ　90
アルバート湖　79
アルプス造山運動　10
アルマプロジェクト・チリ観測所　106
アレクサンドリア　198
アンデス山脈　19, 89

アンデス中央高地　108
アンデス文明　110
アンテロープ・キャニオン　98
アンモナイト　8, 214

イースター島　171
イエローナイフ　94
イグアス川　123
イグアスの滝　123
イグアノドン　214
伊豆・小笠原列島　163
イズミル　199
イスラエル　18, 41
イスラエル王国　39
イタイプダム　123
インカ帝国　107
インダス文明　16
インド亜大陸　10
インナーセーシェル　186

ヴァトナ氷河　178
ヴィエリチカ岩塩坑（ヴィエリチカ・
　ボフニャ王立岩塩坑）　46
ヴィクトリア湖　70, 76
ヴィクトリア滝　78
ヴィクトリアナイル　76
ウェッデル海側　149
ウミイグアナ　170
ウロス諸島　112
ウユニ塩湖　91, 111
運河の開通　196

エアーズロック　130
エーゲ海プレート（エーゲ海マイクロ
　プレート）　198
エーゲ文明　195
エオリア諸島　206
エクアドル　90, 166
エジプト文明　16, 195
エトナ　205

エニセイ川　31
エフェソス　199
エリー湖　92
エルコラーノ　208
エルサレム　42
エルズミア島　209
エレバス　155
エンジェルフォール　115
猿人　15

オーストラリア大陸　128
オーストラリアプレート　162
オーストラロイド　143
オーロラ楕円帯　94
オスマン帝国　40
オスマントルコ軍　203
オゾンホール　154
オビ川　31
オリノコ川　119
オルガ　130
オルドバイ渓谷　72
オングル島　158
オンタリオ湖　92
温暖氷河　122

か　行
ガーデンアイランド　164
カウアイ島　164
カスピ海　27
カナイマ　115
カナリア諸島　182, 183
カバ　66
カッパドキア　51
カムチャツカ半島　55
カメルーン山　75
カメレオン　83
ガラパゴス諸島　166
ガラパゴスゾウガメ　170
カリマンタ　58
ガリラヤ湖　39
カルスト地形　47
カルボン湖　114
カロリン諸島　175
ガンガモプテリス　150
ガンジス川　34
環太平洋火山帯　11, 163

環太平洋地震帯　163

ギアナ高地　114
キーウィ　139
キール運河　23
キクラデス諸島　198
北アメリカプレート　21, 162
キツネザル　83
キノコ岩　51
ギャオ　178
九寨溝　49
極地　94, 146
極夜　146
キラウエア火口　165
ギリシャ文明　195
キリマンジャロ　71
キリン　66
ギルバート諸島　175
金沙江　33

クック，ジェームス　141
クスコ　107
クノッソス宮殿　199
クラカタウ島　56
グランドキャニオン　95
グランドサークル　95
グリーンランド　92, 209
グリーンランド氷床　122, 210
グレートオーシャンロード　134
グレートジャニー　72
グレートディヴァイディング山脈　131
グレートバリアリーフ　133
グレートプレーンズ　91
グレートリフトバレー　70, 79
クレタ島　198
クレタ文明　195
クロサイ　66
グロソプテリス　6

京杭大運河　34
ゲイシール間欠泉　179
原猿類　83
原核生物　4
原始太陽　2
原始惑星　2

黄河　32
黄河文明　16
コウテイペンギン　147
黒竜江　32
ココスプレート　162
コジアスコ　128
古代湖　30, 111
虎跳峡　33
ゴビ砂漠　22
ゴラン高原　39
ゴリラ　67
コロラド川　93, 122
コロンビア高原　50
コロンビア超大陸　5
コンゴ川　76
コンゴ盆地　63
ゴンドワナ　6

さ　行
サイ　65
サウスシェトランド諸島　151
サウスジョージア・サウスサンドウィッチ諸
　　島　108
サザンアルプス　138
砂漠気候区　63
サバナ気候　62
サハラ砂漠　63
サマルカンド　44
サミット基地　210
サントリーニ島　12, 199
ザンビア　77
ザンベジ川　77
サンマリノ　19

ジェームス・クック　141
ジェームス・ロス　155
死海　39
シギリヤ・ロック　59
シチリア島　196, 205
ジブラルタル海峡　194
シマウマ　66
シャクルトン隊　156
ジャワ原人　15
小プリニウス　207
シルクロード　43
シロクマ　211

真核生物　4
ジンバブエ　77

スヴァールバル　211
スヴァールバル条約　211
スヴァールバル諸島　210
スエズ地峡　15
スコット隊　156
スタンリー　80
ステップ気候区　63
ストロマトライト　134
ストロンボリ島　206
スピッツベルゲン　211
スピッツベルゲン諸島　211
スリランカ　58

青海湖　46
牡牛崇拝　202
セイロン島　10
セーシェル　185
セーヌ川　26
石柱林　51
全球凍結　5
セントヘレンズ火山　87

ソロモン海　142

た　行
ダーダネルス海峡　194
大プリニウス　207
太平洋プレート　162
ダイヤモンドヘッド　165
タウポ火山帯　138
タクラマカン砂漠　43
タスマニア原生地域　135
タスマニアデビル　136
タスマニア島　135
タスマン, アベル　141
タスマン海　126
タスマン氷河　138
ダチョウ　70
楯状火山　166
楯状地　118, 130
ダニューブ川　26
タリム川　37
タンガニーカ湖　79

地球型惑星　　3
チグリス川　　35
千島列島　　163
チチカカ湖　　90, 111
地中海　　193
地中海性気候　　195
チベット高原　　35
超巨大地震　　163
長江　　33, 34
長江文明　　16
超長基線電波干渉法　　164
チンパンジー　　67

ツィンギー　　47, 82

ディアスポラ　　40
ティーラ　　200
デスバレー　　99, 102
ティベリアス湖　　39
ティアワナコ遺跡　　111
デカン高原　　50
テチス海　　12
テプイ　　114
テラ　　156
デリケートアーチ　　95
天皇海山　　164
電波望遠鏡　　164

ドードー　　187
ドナウ川　　26
ドライバレー　　151
トルデシリャス条約　　107
トレス海峡　　133
敦煌　　44

な　行
ナイアガラ川　　92
ナイアガラの滝　　92
ナイル川　　76
ナスカプレート　　162
ナスカ文化　　110
ナパリコースト　　165
南極横断山地　　9, 150
南極三大発見　　154
南磁軸極　　153
南極条約　　158

南極条約協議国会議　　158
南極氷床　　122

ニアムラギラ火山　　75
ニーオルスン　　213
ニーラゴンゴ火山　　74
ニジェル川（ニジェール川）　　77
ニシロス島　　200
ニューカレドニア島　　176
ニューギニア島　　142
ニュージーランド　　137
ニューブリテン島　　142
ニューメキシコ州　　86
ニンガルーコースト　　134

ネアンデルタール人　　15
ネグロ川　　118
熱帯雨林　　62
ネパール　　19

ノルウェー隊　　156
ノルマン王朝時代　　196

は　行
バイカル湖　　31
パウエル湖　　95
バオバブ　　83
白頭山　　55
パタゴニア　　120
バチカン市国　　18
白海・バルト運河　　27
バッドウォーター盆地　　99
バッファロー　　66
パナマ運河　　103
パナマ地峡　　106
パナマックス　　105
パプア・ニューギニア　　142
パホエホエラバ　　166
パムッカレ　　49
パンゲア大陸　　8
パンチボウル　　165

東アナトリア断層　　198
東南極大陸　　150
ビキニ環礁　　175
ビッグ・バン　　2

ピトン・デ・ネージュ　191
ピトン・ド・フルネーズ　192
ピナクル群　133
ピナツボ火山　55
ヒマラヤ造山運動　10
ビンソンマッシーフ　149

フィリップス島　133
フィリピン海プレート　162
フィンチ　167
フォークランド諸島　108
フォー・コーナーズ　99
プカオ　172
ブライスキャニオン国立公園　98
ブラック・リバー峡谷　190
プラトン　202
ブラマプトラ川　34
フラム海峡　210
プリトヴィツェ湖群国立公園　49
武陵源　51, 54
プルームテクトニクス　75
ブルーラグーン　179
ブルカノ島　206
ブルネイ　58
プレートテクトニクス　5
プレーリー　91

北京原人　15
ベスビオ　207
ベネズエラ高地　90
ベリングスハウゼン　155
ペルー海流　167
ペルー暖流　171
ヘルコラネウム　207
ペルシャ　37
ベルデ岬諸島　182, 183
ペレー火山　103
ペロポニソス半島　199
ペンギン　70

ホーン岬　106
ポストイナ鍾乳洞　47
ボストーク基地　153
ボストーク湖　153
ボスポラス海峡　17, 194
北海・バルト海運河　23

ホッキョクキツネ　214
ホットスポット型　151
ポリネシア　171, 175
ボルガ・ドン運河　27
ボルネオ島　58
ボロブドゥール寺院　56
ポンペイ　201, 207

ま 行

マーシャル諸島　175
マウイ島　165
マウナケア　165
マウナロア　165
マウンテンゴリラ　75
マウント・クック　138
マカロネシア　182
マグマオーシャン　3
マケドニア帝国　195
マサイ族　71
マスカリン諸島　190
マダガスカル島　10, 82
マチュピチュ　110
マデイラ諸島　182
マデイラ島　183
マラカイボ湖　90
マヨン　55
マリアナ諸島　55

ミクロネシア　57, 175
ミケーネ文明　195, 199
ミシシッピ　91
ミシシッピ川　92
南アフリカの人類化石遺跡群　14
ミノス文明　199
ミロス島　198

メッカ（マッカ）　38
メコン川　34
メコンデルタ　34
メソポタミア文明　16
メタセコイア　102
メテオラ　204
メラネシア　55, 175
メラピ　56

モアイ　171

モーゼル川　　23
モーリシャス　　187
木星型惑星　　3
モスクワ・ボルガ運河　　27
モナコ公国　　18
モニュメントバレー　　98
モルディブ　　185

や 行

ヤクーツク　　32

ユーコン川　　93
ユーフラテス川　　35
ユーラシア大陸　　19
ユダ王国　　40

溶岩台地　　50
ヨセミテ国立公園　　87, 102
ヨルダン川　　39
ヨルダンリフトバレー　　39

ら 行

ライオン　　64
ライン川　　23
ライン・マイン・ドナウ運河　　26
ラノ・ララク　　174
ラプラタ川　　119
藍藻類　　134

リヴィングストン　　79
リオグランデ川　　86, 93
リクイグアナ　　170
リストロサウルス　　150
リパリ諸島　　12, 206

リパリ島　　206
リヒテンシュタイン公国　　18
リムノス島　　198
リャノ　　119
リュツォ・ホルム湾　　158

ルクセンブルク大公国　　18
ルクソール神殿　　76
流刑植民地　　136

レイキャヴィーク　　177
レナ川　　31
レミュール　　83
レユニオン　　187
レユニオン島　　190

ロス，ジェームス　　155
ローヌ川　　26
ローラシア大陸　　194
ローレンタイド氷床　　92
ローレンシア　　5
ロッキー山脈　　86, 163
ロディニア超大陸　　5
ロトルア　　138
ロブノール湖　　37
ロワール川　　26
ロングイェールビーン　　213
ロンゴ・ロンゴ文字　　172

わ 行

ワイトモ洞窟　　138

ンゴロンゴロクレーター　　72
ンゴロンゴロ保全地区　　71

神沼　克伊（かみぬま　かつただ）
国立極地研究所・総合研究大学院大学名誉教授。理学博士。
専門は固体地球物理学。東京大学大学院理学研究科修了後に
東京大学地震研究所に入所、地震や火山噴火予知の研究に携
わる。1974年より国立極地研究所で南極研究に従事。二度の
越冬を含め南極へは15回赴く。南極には「カミヌマ」の名前
がついた地名が二箇所ある。著書に『白い大陸への挑戦─日本
南極観測隊の60年』『南極の火山エレバスに魅せられて』（以上、
現代書館）『あしたの地震学』『あしたの南極学』『あしたの火山
学』（以上、青土社）など。

地球科学者と巡る世界のジオパーク

　　　　　　　　　令和 5 年 10 月 20 日　発　行

著作者　　　神　沼　克　伊

発行者　　　池　田　和　博

発行所　　　丸善出版株式会社
　　　　　　　〒101-0051 東京都千代田区神田神保町二丁目17番
　　　　　　　編 集：電話（03）3512-3265／FAX（03）3512-3272
　　　　　　　営 業：電話（03）3512-3256／FAX（03）3512-3270
　　　　　　　https://www.maruzen-publishing.co.jp

Ⓒ Katsutada Kaminuma, 2023

組版／斉藤綾一
印刷・製本／三美印刷株式会社

ISBN 978-4-621-30832-5　C 3025　　　　　Printed in Japan